宜蘭
美好小旅行

口袋美食✕私房景點✕風格住宿

作 者 江明麗
攝 影 高建芳

幸福餐館　　老屋新味道　　美味動筷子

玩童趣　　風格住宿　　必踩美景

宜蘭
美好小旅行

口袋美食×私房景點×風格住宿

作　　者　江明麗
攝　　影　高建芳

發 行 人　程顯灝
總 編 輯　呂增娣
主　　編　李瓊絲、鍾若琦
執行編輯　程郁庭
編　　輯　吳孟蓉、許雅眉
編輯助理　張雅茹
美術主編　潘大智
行銷企劃　謝儀方
出 版 者　四塊玉文創有限公司

總 代 理　三友圖書有限公司
地　　址　106 台北市安和路 2 段 213 號 4 樓
電　　話　(02) 2377-4155
傳　　真　(02) 2377-4355
E－mail　service@sanyau.com.tw
郵政劃撥　05844889 三友圖書有限公司

總 經 銷　大和書報圖書股份有限公司
地　　址　新北市新莊區五工五路 2 號
電　　話　(02) 8990-2588
傳　　真　(02) 2299-7900

初　　版　2014 年 4 月
定　　價　新臺幣 320 元
I S B N　978-986-90325-4-4 (平裝)

國家圖書館出版品預行編目 (CIP) 資料

宜蘭，美好小旅行：口袋美食 x 私房景點 x 風
格住宿 / 江明麗作 . -- 初版 . -- 臺北市：四塊玉
文創 , 2014.04　面；　公分
ISBN 978-986-90325-4-4 (平裝)

1. 旅遊 2. 宜蘭縣
733.9/107.6　　103005186

◈百變蘭陽　美在街頭巷弄間

宜蘭的魅力，屬於那種不張揚的霸氣，站在台九線宜蘭端的起點高處，
可以看到阡陌綠野鋪延開來的平原景致，大器卻也溫柔，錯落的屋宇、
湛藍的海洋、戍守的龜山島以及橫穿的國道五號，讓這片大開的風光
不管何時都美得驚人，美得讓人印象深刻。

從高處下來，在街道巷弄間行走，又是另番風情。一棟棟老屋乘載著
歲月風華，訴說一段段人文故事，白天夜晚都烹調著可口味道的小吃
據點，親切的招待每位旅人的口腹，也寫下一篇篇難忘的美食篇章。
踏青吧，山巔水湄，各引風情，湖泊林道，處處韻味，宜蘭的自然風光，
只有親見，才能體會那種無可替代的舒暢。

宜蘭的面貌百變，精華都在隱密的巷弄之間，這本書挑選的 62 處宜蘭
人眼中，外地人嘴裡不可錯過的美好，不同的主題有不同的風采：「老
屋新味道」透過舊建築新面貌再度認識蛻變後的宜蘭；「美味動筷子」
嘗遍宜蘭的知名小吃；「必踩美景」把宜蘭最美的自然風光寫入名單
當中；「幸福餐館」更多的是咖啡的香氣與文藝味道；「風格住宿」
帶大家入住蘭陽平原的漂亮民宿；而「玩童趣」則在一處處好玩農場
與觀光工廠，發現宜蘭最純真的一面。

宜蘭，只有一步步用心認識了，才能揭開它百變樣貌裡的珍寶。

江明麗

目 錄
CONTENTS

自序

CHAPTER 1
老屋新味道

CHAPTER 2
美味動筷子

CHAPTER 3
必踩美景

CHAPTER 4
幸福餐館

CHAPTER 5
風格民宿

CHAPTER 6
玩童趣

CHAPTER 1
老屋新味道

老房子，總是安靜的躺在街角某一處

不特別顯眼，卻蘊藏了最豐富的故事

12 間老屋，給你 12 個不同的新味道

合盛太平咖啡
在百年的記憶裡品一杯咖啡

咖啡與醫院，原本是不可能有交集的2種事物，
在因緣際會下，成為宜蘭街上最富有歷史味道的角落。
合盛太平咖啡館讓人在品味咖啡的美味與早午餐饗宴的同時，
也慢慢訴說屬於太平醫院的故事。

宜蘭市熱鬧的的中山路上，有一棟仍保留著舊時直橫交錯鐵鑄窗的老屋，窗格塗上白漆，看似整修不久，寬敞的騎樓除了洗石地板，還放著一套復古桌椅，綠皮坐墊搭配木質手把，讓人想拿著一本書就這麼安靜的入坐，偶而看看道路上車水馬龍的景象，因為這樣的自在，讓中山路即便是交通尖峰期，也不影響這棟老宅所散發的靜謐氛圍。

❀ 太平醫院的前世今生

這棟老宅是 2013 年 9 月 8 日開幕的合盛太平咖啡館，看到合盛 2 個字，不難明白這裡與礁溪知名民宿合盛 66 的關係，果然，合盛太平的老闆之一就是合盛 66 的主人律瑩與信佑，另外還有喜拉朵早餐店的老闆益村以及專業攝影師郭政彰，他們賦予一間超過 80 年歷史的建築物新面貌，卻沒想讓它從過往的歷史中消失，甚至還原了原本樣貌──一間曾經懸壺濟世的醫院。

建築於 1930 年興建，最早是宜蘭市市長陳金波執業的太平醫院，休業後空閒了一段時間，有不少的仲介商上門洽談租售，但主人陳奶奶總是沒有意願，畢竟這裡有一段回憶，是宜蘭人傷病脆弱時的依託，老一輩的在地人總能在回憶的篇章裡，回味掛號台、診療室與注射室的點滴。

陳奶奶的堅持在碰到律瑩與信佑時有了回報，或許是緣分，也或許是因為了解律瑩與信佑對老事物的珍惜與鍾愛，陳奶奶把醫院前棟的一、二樓空間交給了合盛太平咖啡，前提是要重現醫院的樣貌，所以，這間咖啡館除了瀰漫咖啡香，還有記憶中未曾抹滅的格局——掛號台、診療室與注射室。

除了用餐的桌椅，合盛太平裡的每一個角落都能看到醫院的影子，不同的是，原本醫護人員在的地方，現在充滿了喜歡老味道的遊客。二樓分了前後區，前區靠近馬路的部分做為醫院故事的圖文陳列，這裡還高掛著陳金波市長生平事蹟的木區解說，讓人對這位在宜蘭政壇與醫界貢獻過的先人有更深刻的認識。後區保留了包廂式的榻榻米隔間，有別於一樓的熱鬧，這裡更有 50、60 年代的風情。

◈ 飄散著歷史味道的時光咖啡

合盛太平最出名的是早午餐，很多台北人或宜蘭人喜歡在週末例假日專程到此，點一份豐富的佛卡夏雞肉三明治或者是野菇牛肉佐紅酒醬，搭配招牌的冰滴咖啡，或者在陽光透近鐵格窗的午後，點份下午茶，與朋友相聚，與家人同享。

早午餐是老闆們共同規畫出來的菜單，但真正的大廚是益村，他經營的喜拉朵早餐店在礁溪已經很有知名度，在合盛太平，早午餐也有了自己的口味與特色，即便是名稱看起來尋常的歐陸早午餐，上呈的每一種食材都是費盡心思，野菇牛肉佐紅酒醬搭配墨西哥菜捲、主廚麵包以及沙拉，主廚麵包特別請任職於飯店的大廚製作，特調的紅酒醬沾著七分熟的牛肉入口，讓人滋味難忘。

食 季節限定美味

身為老闆之一，信佑因為有自己的漁船，可以保證
來自宜蘭海域的鮮味，咖啡館裡最值得推薦的一
道料理就是龜山島時令海鮮，好像是把大海裡最
甜美的食材都納進盤中一般，這道料裡滿滿的像山
一樣：鬼頭刀、透抽、飛魚卵還有爽脆的海菜，只要
在對的季節造訪，就能品嘗此地僅有的佳餚。

圖片提供：江明麗

有趣的是，佛卡夏雞肉三明治還
是以診所特有的托盤做裝盛器
皿，是古早拿來放針筒的琺瑯托
盤，這樣的創意令人莞爾。這裡
的下午茶點同樣讓人期待，用的
是礁溪有名烘焙工坊的香蕉蛋糕
與點心，飲料方面，冰滴咖啡與
抹茶拿鐵都是不可錯過的選項。

INFO

／地址：宜蘭縣宜蘭市中山路三段 145 號
／電話：(03) 936-0060
／價格：咖啡 100 元起、冰滴咖啡 180 元、下午茶
　　　　200 元、經典歐陸早午餐 240 ～ 320 元、龜
　　　　山島時令海鮮 250 元，每人低消一杯飲料
／時間：週日至週四 08:30 ～ 22:00
　　　　週五、六 08:30 ～ 23:00
／網站：www.facebook.com/cafestory145

宜蘭文學館
凝聚作家文風，共享老屋時光

在最時尚的新月廣場旁，有棟老屋安靜卻顯眼的存在著，
即便在最熱鬧的週末例假日，總能尋到一段寧靜的時光，
這就是宜蘭文學館讓人流連不已的魅力。

木架上，簡媜的《女兒紅》、《月娘照眠床》及其他幾本知名著作靜靜的躺著，這裡是宜蘭文學館，傳統的日式建築，散發濃濃和風，如同簡媜的文字力量陪伴不少青年學子走過歲月時光，這方空間，也為造訪的賓客，提供一段寧靜無憂的氛圍。

文學館最早是宜蘭農校的校長宿舍，之前做為宜蘭音樂館陳設，2年前改為文學館，附設輕食空間並且做為台灣文學作家作品陳列展示處所。文學館建於1906年，因為經過整修，沒有百年建築的破敗，卻有時間流淌過的優雅，這裡在2001年公告為歷史建築，曾經獲得行政院「第五屆公共工程金質獎」，漫步在榻榻米、木拉門、黑瓦與綠庭院之間，會以為自己走在日本哪家官舍宅院。

❁ 宜蘭美食與茶飲構築的在地味

改裝後的文學館因為不定期舉辦文學家的作品以及講座,吸引很多的遊
客到此拜訪,而委託九穀料理店經營管理的飲食空間,也固定提供宜蘭
精緻飲品與輕食,其中金桔麻糬酥外酥內軟的特色讓人愛不釋口,就像
宜蘭在地料理——糕渣一樣,能體會宜蘭人特有的親切與熱情。陳年金
棗茶在精巧的茶具中散發香氣,抿一口,金棗滋味似暖流撫慰人心,酸
中帶甜,令人難忘。

襯托古建築的精緻茶具

眼光離開古老的建築，不得不感佩經營者的用心，因為是歷史建物，這裡不能有明火的設備，當然也不能有熱食的供應，僅能提供小點與飲品對代營的九穀料理老闆來說似乎有些限制，不過鑒於對古物的喜愛，他反倒著眼在細節上，茶盤器具都是特別購置，精緻的磁杯散發宮廷世家的低調奢華，讓桂花釀與金棗茶變得更可口了。

圖片提供：江明麗

館內打通的居間以前是校長的起居室，現在則是賓客休憩、賞景的好地方，敞開的木拉門將屋外的綠竹圍林與參天大樹一起納進，席地而坐的自在與優閒是城市空間裡難見的享受，如果趁早來訪，便有機會為自己尋得一席拉門旁的座位，看著四季變換姿態的鳳凰木，品啜一口茶香與餅酥，時光靜好，人生幾何？

INFO

/ 地址：宜蘭縣宜蘭市舊城南路縣府 2 巷 19 號
/ 電話：(03) 932-4349
/ 價格：金桔麻糬酥 40 元，桂花釀、陳年金棗茶 150 元
/ 時間：09:00 ～ 17:00，週一休

宜蘭設治紀念館

和洋折衷式設計的舊時首長官邸

本篇圖片提供：楊志雄

時光走過的味道，總是可以在一棟棟舊時居宅留下痕跡，

宜蘭設治紀念館是當地第一棟翻修整建的舊時首長官邸，

揭櫫了宜蘭對於歷史古蹟保存的堅持，也讓眾人有幸得以看見宜蘭舊時的風光。

一片紅磚圍牆之內，是宜蘭設
治紀念館木造建築的風華，
或許是周遭綠樹圍繞、林蔭處處，
讓這裡即便在盛夏，還是有著清涼
之意。設治紀念館在 1906 年建造，
庭園面積大約 800 坪，最早是宜蘭
廳長小松吉久的官舍，後來也做為
宜蘭歷代首長的官舍。

與其他和風建築較為不同，宜蘭設
治紀念館除了木造格局，主建築一
側還有磚造房屋，白牆立面流瀉幾
許歐風，與主體連結起來，是典型
的和洋折衷式設計，在台灣其他縣
市的老屋建築時常可見。走在園
區，可以看出建築師對於生活的品
味要求，枯山水造景、石燈籠，都
是純粹的日風走向。

景　訴說歷史的紅磚牆

21 世紀的宜蘭，有購物商城、車馬喧囂，但在
紀念館附近還是可見百年前的古蹟，在屋宅大門
的前方，有片特意保留的紅磚牆面，這是日本政
府進入宜蘭後，對當地空間改造計畫的一面，那
時宜蘭廳署的西側規畫了宿舍區，高聳的紅磚圍
牆明顯了家家戶戶的巷道，維持到至今，圍牆高
207 公分，保留家戶的隱私，也區隔內外空間。

圖片提供：江明麗

圖片提供：江明麗

❀ 百年老樟樹的時光韻味

這棟建築連同木造與磚造共有 74 坪面積，原本不被列在保護範圍，但因一旁的百年老樟樹被保留了下來，做為宜蘭市的都更「南門計畫」其中一處，這樣的歷史古蹟有幸成為現代化更迭的一員。老樟樹茂密的枝葉像雙大掌好好的護衛了老宅，主幹挺立，經過百年，依然堅貞不變。

館內依照不同的居間做為歷史文物的陳列，靠近玄關左側是 4 個固定特展的居間，以圖文介紹宜蘭的民主歷程、清代與日治時期史蹟。另一些居間則陳列老宅在整修時保留的一些舊文物，公母榫、据鬼瓦，有趣的是，還忠實呈現了浴廁模樣。

❗ INFO

/ 地址：宜蘭縣宜蘭市舊城南路力行 3 巷 3 號
/ 電話：(03) 932-6664
/ 價格：全票 30 元，半票 20 元
/ 時間：09:00 ～ 17:00，週一、每月最後一日休館
/ 網站：memorial.e-land.gov.tw

賣捌所

文青必訪，氛圍慵懶的藝文餐館

賣捌所這 2 年來一直受到旅客的喜愛，雖然是日本風建築，
但在此停留，可以感受到非主流音樂餐館那份慵懶的情調，
不管是聊天還是發呆、看書，都怡然自在。

賣捌所雖然是棟傳統的日式建築，但裡面的氛圍是輕鬆、優閒還帶點慵懶的味道。「賣捌」在日文裡指的是批發，所以，賣捌所在日治時期就是一棟批發貨物的據點；1905 年，台灣還是日方治理，那時的菸草專賣歸中央管，需要層層分級，因此賣菸草的地方得指定，而賣捌所就是合法的菸草販賣地點。

現在的賣捌所已經不賣菸草，在文化局管理下，委託給 The Wall Music（這牆音樂）公司經營，透過美食與現場音樂演唱，原本賣菸草的地方，成為欣賞音樂與喝咖啡、嘗美食的老宅餐館。

經營者保留了老屋原始的格局，在設計上擺入了復古沙發皮椅、舊唱盤機；一、二樓味道不同，樓下適合年輕人窩居，每一個角落兼顧隱蔽與開放，樓上是開闊的榻榻米，適合家族落座。餐點方面也不含糊，手工製作的法式鹹派是招牌，因為現做，而且每日限量，建議提前預訂，另一種日式煎餅，混合蕎麥粉、雞蛋、牛奶製成麵糊油煎，純屬和風，也值得試試。

【推】 不插電音樂表演

不插電音樂表演是 The Wall Music 在每個據點的特色，宜蘭賣捌所在每週六定期安排樂團表演，表演名單可透過官網搜尋。表演場地多位在一樓入口處，約可容納 100 人，Vast & Hazy、小城星電台與 Frandè 等創作歌手都曾在此獻唱。

INFO

/ 地址：宜蘭縣宜蘭市康樂路 38 號
/ 電話：(03) 935-2493
/ 價格：每人低消 100 元
/ 時間：週日至週四 12:00 ～ 24:00，週五、六
　　　　12:00 ～ 02:00，週二休。
　　　　樂團演出時間每週六 17:00 ～ 19:00
/ 網站：thewall.tw/grounds/urisabakijo

百果樹紅磚屋
唔唔噹森林旁的文學小屋

偶遇黃春明老師，是百果樹紅磚屋很多客人最愛的時刻，
這位國寶級文學家親切溫和，年近80，依然保有童稚，
他把這樣的態度投注到百果樹紅磚屋裡，不僅提供自在的空間，
安排講座、電影播放以及兒童劇團的表演，分享宜蘭特有的文學味道。

在百果樹紅磚屋寬敞的屋子裡，黃春明老師安靜的坐在靠近櫃台旁的一方空間，邊處理事情，邊品啜咖啡，工作人員說，黃老師喜歡單品，所以，店裡的飲料單上也有不少單品咖啡的選項，這個空間是黃春明老師團隊同縣政府承接經營的地方，原本是日治時期設立的舊米穀檢查所宜蘭出張所，經由黃老師稍做修整與設計，成了一處可悅讀、喝咖啡、聆聽名家講座以及觀賞兒童劇團表演的自在園地。

這棟老房子在 1930 年建造,當時還是昭和 5 年,主要的任務是檢查、評選米的等級。建築物和洋風格兼具,日式屋瓦搭配拱形門、矩形窗,紅磚砌牆展現英式風味,從外觀看來給人典雅幽靜的味道,即便在車來人往的火車站旁,也不失老屋的風韻,尤其是綠藤攀爬的牆面,更顯田園清新的特色。

宜蘭土餅,讓人懷念的在地味
舊米穀檢查所在整修過後,原本是宜蘭農特產的商品陳列販賣室,一年多前黃春明老師團隊進駐,希望藉由此地繼續推廣宜蘭在地文學與兒童劇場文化,所以,白天這裡是一處聊天喝咖啡的輕食館,晚上是名家蒞臨開講或老電影播放的藝文沙龍,週末則交由所屬的黃大魚兒童劇團表演,上一演齣齣讓小朋友沉醉的迷人故事。

 室內的家鄉風光

館內的裝飾隱約中散發著鄉土味,最讓人喜愛的就是這一方以國小課桌椅組成的空間,牆上懸掛著一幅龜山島油畫,標寫著一首敘述宜蘭孩子的鄉愁詩作,是黃老師的作品:「龜山島,每當蘭陽的孩子搭火車出外,當他從右手邊的車窗望見你時,總是分不清空氣中的哀愁,到底是你的,或是他的……」,動人心弦,家鄉的風光宛若躍然紙上。

圖片提供:江明麗

百果樹紅磚屋館內最顯眼的就是一棵大果樹，果樹是由報紙等廢棄紙材創作而成，樹幹由粗繩編繞組裝，從地板延伸到屋頂，占據了所有的焦點，也是這主要標的。因為是老建築，屋內不能有明火，所以不能提供熱炒類的食物，僅有餅乾、飲料等輕食供應，咖啡有藍山、曼特寧等單品，和夏天限定的東北角石花凍飲，不過這裡必嘗的，還是黃老師推薦的宜蘭土餅！原本幾乎要失傳的宜蘭土餅在黃老師找到懂得製作的師傅後重現江湖，小圓餅內餡有令人懷念的桔仔香氣，非常值得品嘗。

INFO

/ 地址：宜蘭縣宜蘭市光復路 13 號
/ 電話：(03) 932-0840
/ 價格：每人低消 100 元，宜蘭土餅、
　　　　鹹梅糕 60 元，單品咖啡 100 元起
/ 時間：週二至週四 10:00 ～ 20:00，
　　　　週五、六 10:00 ～ 21:00，週一休
/ 網站：www.facebook.com/wonderfultree

舊書櫃人文咖啡館
以書香會友，以老味道懷舊

舊書櫃人文咖啡館在骨子裡，其實是旅人們在途中喜歡停留的據點，
所以這裡常常有環島騎士，或是素人唱遊家逗留，
當然，老闆三不五時辦的小活動，也是吸引旅客造訪的重點之一。

在滿是書冊的空間裡，舊書櫃的老闆莊家泓正在為一批新到的二手書做清潔處理，一片布，一瓶稀釋酒精，就可以讓舊書冊褪去陳腐，重現馨香，等待另一個有緣的閱讀人。因為喜歡二手書，莊家泓在宜蘭縣政府推行的幸福微創計畫中，以優質的企劃內容，獲得舊書櫃這處空間的經營權，他認為：書香、茶香與古物的味道可以活化一個空間的生命。就這樣，一間有著二手書、咖啡與輕食的據點便慢慢成形了。

搭配旅行氣味的書架

咖啡館裡的每一個角落都可以讓人駐足許久，相對於制式的多層書架，這種放在傳統行李箱裡的存書空間反而多了份迷人的味道，好像在旅行的路途中，累積回憶的元素之一，就是一本本書冊，做為精神食糧，更豐富了人生。

圖片提供：江明麗

舊書櫃的地點在宜蘭火車站右側的創創新村園區，這裡是宜蘭行口，原本是台鐵老舊的倉庫群，在宜蘭縣政府希望將文創概念入注的推動下，成為一個顯著的示範點，舊倉庫經過整建拉皮後煥然一新，但仍舊保留了原有建築的樣貌，紅磚外牆與外裸的屋頂木橫樑清楚可見，坐在舊書櫃館內，一邊喝著飲料，一邊看書，作伴的是老倉庫靜靜流淌的時光聲響，很有 FU。

在老靈魂中品嘗在地滋味

因為喜歡老物，這裡的桌椅都是收集來的舊品，一張有著木扶手搭配人造皮製成的單人沙發，可以是歸鄉遊子膩一下午的角落，一組鉚釘封邊的赭紅 4 人座沙發，也能是宜蘭子弟聚會聊談的天地。

2公尺高的書架巧妙的成為空間裡的隔擋牆，給人一種特有的慵懶書卷味。這裡的書目非常豐富，有國外珍貴的彩繪本，有原文書，當然也有暢銷小說與世界名著，愛書人個性都很嫻雅，所以這裡除了翻書聲以外，只有偶爾從外頭傳來的些微車行聲響，不會太過安靜，但也不會過分喧鬧，氛圍，正好。

雖說主打二手書，莊家泓對於輕食、飲品的選擇也不馬虎，店裡的招牌是茶飲，他極力推薦果粒茶與蜜香烏龍，是來自玉蘭茶區茶農的心血，清爽好喝。輕食部分則建議點布朗尼與磅蛋糕，這是老闆好友經營的愛蜜絲咖啡店裡的招牌點心，這家店在羅東也是人氣超高。特別的是，舊書櫃的布朗尼會搭配一球香草冰淇淋，蛋糕經過烘烤帶有酥脆感，與冰淇淋的冷冽口感很對比，是不可錯過的甜點。

INFO

/ 地址：宜蘭縣宜蘭市宜興路一段 280 號
/ 電話：0910-935-354
/ 價格：冷泡蜜香烏龍、果粒茶 100 元，布朗尼、磅蛋糕 79 元
/ 時間：14:00 ～ 22:00，週二休
/ 網站：www.facebook.com/yilanbooks

光宅 238
透天老宅裡的溫馨早午餐

洗石子地板訴説著老宅的年紀，提醒著原屋主在此生活過的痕跡。
早午餐的滋味美味可口，特製的精緻蛋糕令人愛不釋口，
在在，吸引著旅人駐足。

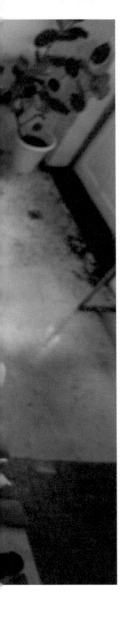

只 是單純的想回家鄉開設一間不一樣的咖啡館，原本在台北擔任行銷專業的王俊哲，回到了家鄉宜蘭，一方面在南方澳老家陪伴家中長輩，另方面跟朋友在宜蘭街巷裡，找尋一處可以實現夢想的空間，於 2012 年，在宜蘭中學附近一處連棟的透天厝裡，開起了老屋咖啡館。

光宅 238 是一間 40、50 年以上歷史的中古宅邸，原本屋子是由一位退休的老校長所有，子女長大後移民美國，老宅也閒置了一段時間，等待出租的時候，正好被王俊哲發現，也開啟了光宅 238 在宜蘭的一段故事。

238 是門牌號碼，而光宅，是王俊哲對於家族意義的體現，在他的想法裡，家宅是心之所向，一點螢螢之火就可以滿室光亮，因為這樣的想法，讓光宅 238 除了有咖啡館的味道，也創立了自己的品牌。簡潔的白色基調讓這裡散發著怡然的風格，二層樓的格局依照不同特性設計，一樓是咖啡餐館，二樓是展示空間，老闆希望創作者有機會發表自己的作品，所以對於空間的利用並沒有太貪心。

✿ 老物新巧思，輕食新花樣

一進門口就能看到從下到上，直抵天花板的特製書櫃，這是老物新用的巧思，用各式窗板當作書架與書櫃，非常有味道。室內的桌椅不多，最靠外邊的復古沙發座椅區位置最好，可以看到外面的風光，也能一覽室內全景。其他桌椅是

一套一組的優閒格調，有趣的是，老闆沒有一套一組，同色同款搭配，隨意錯放反而有了令人意想不到的風情。

早午餐是光宅 238 主打的輕食料理，幽默的菜單名稱令人莞爾，譬如「花生奇雞」，主菜是用滷烤過的雞肉製作成三明治，副菜則是南瓜地瓜泥與炒蛋，會隨著季節做調整；「墨泥雞妙」是新菜色，用燻雞為主要食材的墨西哥捲嘗來酸辣甜兼具，值得一試。飲品也是光宅悉心特調，比較特別的是一款麵茶牛奶，把傳統麵茶搭配鮮奶做為飲料，淡淡麵茶香有媽媽的味道。

 光宅自創商品

家的形狀是光宅自創商品很常使用的圖騰，這款家宅燈泡就擺在咖啡館的商品展示桌上，灰白實體用的是水泥砌造，透過燈泡暈黃的亮光，揉合了灰泥的線條，卻不減這項產品的時尚味道。

!NFO

/ 地址：宜蘭縣宜蘭市宜中路 238 號
/ 電話：(03) 931-1238
/ 價格：花生奇雞 198 元、呷米有保庇（米漢堡）188 元、墨泥雞妙 208 元、麵茶牛奶 100 元
/ 時間：10:00 ～ 21:00，早午餐時段 10:00 ～ 14:00、17:00 ～ 20:00，週二休
/ 網站：www.facebook.com/optimism238

小心撞頭！Watch out！

二結穀倉文化館
會呼吸的舊時稻米古倉

米飯是台灣人的主食，日日不可少，
在二結穀倉文化館，能透過古早的器具與儲存的設備，
了解 80 年前儲存米糧的過程，認識會呼吸的建築。

日本政府建設了不少的稻米穀倉，而保留至今、最具代表性的就屬位在二結火車站附近的二結穀倉文化館。稻米穀倉建於昭和 3 年，前身是「利澤簡信用購買販賣利用組合」公司，是一棟灰白水泥外牆的建築，從外觀看沒什麼特別，其實裡面大有看頭。

為延長稻米儲存的時間，穀倉的設計不僅要通風，還得兼具測量與秤重的功能，館內保留儲糧的庫房，挑高三層的空間便於空氣流通，也適合稻米的存取，可從整片紅磚牆面看到不少鑿空的小洞，看似沒有作用，但其實是米倉的呼吸孔，等於是建築的呼吸肺，功能很大。

本篇圖片提供：楊志雄

　　一樓的空間目前被規畫做為餐廳與製米器具的展示，當中最顯眼的是一座高三層樓的木造碾米器具，經過重建後面貌煥然一新。走上二樓可看到以前一間間的儲米倉已經變成各種米文化的介紹區，有段走道還特別以透明的玻璃地板鑲嵌，可以透視下方的空間格局。文化館目前由大二結文化基金會經營，不時會有米食相關活動舉辦，包括「傳統米食與節慶」活動、米食體驗 DIY，也規畫過製作九層炊的課程，是了解台灣米食文化的最佳去處。

 迎賓木頭人

穀倉文化館周邊有不少特別雕刻的木頭人做為展示，雖是簡單的素材，但在雕刻家的巧手之下，每一尊都栩栩如生，像是戍守在文化館的衛兵，這是模擬以前稻農在工作中的型態打造。

INFO

/ 地址：宜蘭縣五結鄉復興中路 22 號
/ 電話：(03) 960-0277
/ 價格：清潔費 50 元，可抵館內消費
/ 時間：週二至週日 08:30 ～ 17:30，週一休
/ 網站：www.facebook.com/DARJ2011

和平街屋
紅磚老屋裡聽在地故事

點一杯熱熱的茶就能聽上一段老故事，在和平街屋的時光，
美好事物不僅僅是在小小的陳列架上、或那一份份用心種植或製作的商品中，
而是與老闆及當地人如同鄰居般的閒談時刻。

頭城老街一直是以建築與歷史故事為主的旅遊路線，有時，能見到文史工作者正在導覽，有時，只是遊客們隨意的晃蕩，但似乎少了些與在地連結的橋樑，幸好，和平街屋的康保瑜擔起這個任務，在一間面積不大，卻很有味道的紅磚老宅裡，提供宜蘭特產、推廣文創商品，把更深度的頭城介紹給來往的旅人。

凡是知道頭城發展故事的人,對當年旺盛的康家大族肯定不陌生,而康保瑜的爺爺便是書法家康灩泉,說她是望族公主也不為過。康保瑜在和平街屋擁有一小空間,是在地小農與手創作家的寄賣天地,所以,你可以在這買到天然手工皂、手工豆腐乳,夏季時有冰鎮蓮霧能品嘗,冬季時則有宜蘭金棗可吃,當然,老闆手作、獨一無二的手捏陶杯也是精品。

這裡只是間小賣店,但老闆總是很樂意與遊客們分享店裡的每一種特產故事,譬如鄰村哪個大嬸種的筆柿收成了、在田裡的花生可以賣了,有緣的話,一杯免費的溫情桔茶就會送到你手上,讓人感受宜蘭人的好客與熱情,這也是和平街屋最讓人流連忘返之處。

推 在地好紀念章

和平街屋有很多圖形章,以和平街屋為題,設計了好幾款。這個標榜了「在地好」字樣與水果的圖形章特別吸引人,如果有空白信封或是明信片,倒是不錯的在地標誌紀念。

圖片提供:江明麗

INFO

/ 地址:宜蘭縣頭城鎮和平街 135-2 號
/ 電話:(03) 977-3343
/ 價格:土芭樂冰淇淋 40 元、手沖有機熱咖啡
    80 元、桔子茶 40 元
/ 時間:週五至週日 10:00 ～ 17:00

木房子咖啡・茶館

確實有梗的古董咖啡館

還好總有一些人願意花費心力去經營整建過後的古蹟老宅，讓路途上的旅人在表面建築之外，還能看到真正的文化內涵，木房子就是其中之一，老闆 Roger 提供「家私」活絡了屋子的生命，也精彩了這裡的故事。

木 房子是頭城的頭圍文創園區內的一棟老房子，這裡原本是日治時期台鐵員工宿舍，建材是檜木或杉木，外觀造型散發和風，宜蘭縣政府希望將文創意象導入頭圍地區，便整修了舊台鐵員工宿舍，木房子就是其中一處空間，原本只是文物展示館，後來 Roger 承租經營，還把家裡的老古董都搬來，讓咖啡館的復古風更加濃烈。

Roger 是木房子的靈魂人物，他與妻子共同經營這個天地的同時，也常常帶著旅客走遍宜蘭的風景名勝，他是一個在地導遊，身為本地人，很希望把宜蘭的美好帶給國內外旅客，如同他接下木房子一樣，老宜蘭的味道要細細品味，也要深度享受。

✿ 老嫁妝，老收藏，新意茶點

這棟長屋宿舍的內部格局沒有太大更動，以木板格成的一個個居室，現在則是客人品飲咖啡、聊天的包廂，右側第一間隔間有套塑膠皮製長沙發，搭配大理石桌面的長木桌，50、60 歲的客人特別愛這裡的氛圍，就像是回到兒時的住家，這一套家具十分珍貴且具有紀念性，是 Roger 母親的嫁妝；而桌上的紅色檯燈也是舊貨收來，由 SONY 製造，非常少見。

很有梗的茶

木房子的菜單上，有道飲品叫「好笑茶」，如同其他令人好奇的飲品名稱，總會吸引客人站在櫃台前問個清楚。「好笑茶」用的是來自宜蘭玉蘭茶園的茶，選茶的時候，Roger 特別請茶農把梗留下，為的就是搭配「有梗」這個主意，因為有梗，所以好笑。

因為是老房子，這裡不能有明火，所以咖啡館僅提供蛋糕、餅乾與各式飲料。可別小看這裡的飲料，有的名字特別，還十分講究，例如蜂蜜檸檬茶，看似普通的茶飲，蜂蜜用的是宜蘭特產，檸檬則是特別挑選雲林出產的，用心程度可見一斑。甜點也是木房子的招牌，手工餅乾與布朗尼都是由宜蘭知名咖啡館「禮物咖啡」手作提供，而這裡的人氣選項「手工冰乾」也是老闆的創意，餅乾加冰淇淋的搭配很常見，不過因為命名特殊，也是客人最常點的甜點。

INFO

/ 地址：宜蘭縣頭城鎮站舍巷 9 號
/ 電話：(03) 977-6758
/ 價格：義大利佬咖啡、好笑茶 100 元，手工
　　　冰乾 60 元
/ 時間：平日 11:00 ～ 17:30、週六、日
　　　10:00 ～ 17:30，週三休
/ 網站：www.facebook.com/w.house.cafe

李榮春文學館
台灣戰後第一批中文創作文學家

頭城歷史的人文味就得透過一位位在地的頭城子弟訴說，
李榮春文學館就是其中一站，他用文字表達了頭城搶孤的熱鬧、
和平街榮枯的過程，也讓許多人進而認識了這位本土文學作家。

在電子產品齊飛的年代，看到以鋼筆書寫在紙稿上的文字總讓人懷
念，一橫一勾藉由墨汁抒發情感，是電腦列印出來的刻板字體無
法表達的生命，這樣的情懷，在李榮春文學館的一篇篇手稿中清楚呈
現。李榮春是道地的頭城人，比起康家的聲勢，這位出生在 1914 年的
文學家沒有太多人注目，但他卻對台灣的本土文學有很大的貢獻，他也
是台灣戰後第一批以中文創作的本土作家。

文學館在 2009 年落成,是一棟有著日
式風格的木造屋宇,坐落在頭城鎮立幼
兒園後方,這裡的面積不大,主要以陳
列李榮春生平事蹟與作品集結的空間。

大門入口處有台老舊的腳踏車,詢問館
方人員後才知道僅是館內的懷舊陳列器
具。簡單的二室格局以木拉門隔開,比
較吸引人的是靠窗旁的透明壓克力書
桌,裡頭放的就是李榮春的手稿,一篇
「種柑仔」以流暢的筆觸娓娓訴說,引
人入勝。在眾多的作品裡,《烏石帆
影》是敘述鄉頭城民風的經典,「看搶
孤」、「頭城仙公廟廟公呂炎嶽」、「和
平街」……每一個短篇都能了解最本土
的頭城味道。

 早年美好的惜物工具

文學館除了展示一台老舊的單車
之外,一旁也放了傳統的補胎工
具,簡單的石磨與銼刀就能讓一
台破胎的腳踏車重新啟動,也令
人難忘那個簡單純樸的年代。

INFO

/ 地址:宜蘭縣頭城鎮開蘭舊路 4 號
/ 電話:(03) 977-2371(頭城鎮公所)
/ 時間:09:00 ～ 12:00,14:00 ～ 17:00

老懂文化館
這裡沒有董事長，只住過校長

原來，老懂就是羅東的諧音，而羅東，在 200 年前的意思就是猴子，
老懂文化館的成立，讓人認識了羅東的過往，也透過建築，
一一了解日治時期的校長宿舍是怎樣的格間與型態。

2 00 年以前的羅東還不是現今車馬喧囂的熱鬧景象，那時叢林處處，
山中多獮猴，世居當地的平埔族人便把這裡取名老懂，在平埔族話
裡的意思，老懂（音羅東）指的就是猴子。老懂文化館是一棟日式木造
建築，興建於 1937 年，那時還是日治時期昭和年代，宿舍共有 2 個區域，
右側做為羅東女子公學校校長宿舍使用，左側則為教室宿舍，羅東女子
公學校也就是後來的成功國小。

根據史料考證，整棟建築室由檜木與杉木興建，建築離地 2 尺以隔絕濕氣，牆面是編竹夾泥建材，內部隔間保留居屋者的私有性，這也是日本建築在大正時期以後的特色。

這裡目前委託蘭馨婦幼中心承接經營，成為身心障礙者的職業訓練中心，所以在文化館內服務的工作人員有部分由心障者擔任，為他們提供就業以及與社會接觸的機會。餐食與點心都是館內現做，風味套餐以中式餐點為主，有韓式烤肉與塔香三杯雞，冬日裡也有小火鍋可以品嘗，下午茶套餐很讓人驚豔，雙層塔盤除了四季鮮果外，還有蘭馨特製的手工餅乾與鳳梨酥，都是參觀老建築之餘，可以慢慢品嘗的美味。

 逗趣老懂猴

因為曾有獼猴在此的歷史陳跡，老懂文化館內也應景的販賣各式各樣的猴子布偶，體積較大的老懂猴一個 2000 元，也有嬌小可愛，一個賣 150 元的元氣猴，各個造型逗趣俏皮，不管是攤在地板上，還是吊在屋樑上，猛一看還以為到了森林裡，小猴子處處攀附，靈動活潑。

INFO

/ 地址：宜蘭縣羅東鎮文化街 53 號
/ 電話：(03) 960-0277
/ 價格：咖啡 100 元起、風味套餐 200 元起、
　　　手工餅乾一盒 100 元
/ 時間：10:00 ～ 20:00，每月 5 號公休

CHAPTER 2
美味動筷子

平價、實在、好吃，宜蘭小吃的代名詞
觀光客的美食地圖，在地人的口袋名單
都是讓人捨不得放下筷子的美味

城隍早餐
古早味杏仁茶與手工煎餃

為了方便，把美而美式的三明治與奶茶當早餐已經是城市人習慣的早晨，
但在這，請緩下你的腳步，靜下心看著店家啙著一碗碗香氣四溢的杏仁茶，
還有焦香衝鼻的煎餃，餵養一頓屬於自己的宜蘭味早餐。

宜蘭的小吃及夜市都很有名，在地人都有自己的一份口袋名單，而
說到早餐，宜蘭人喜歡吃一碗米苔目、米粉羹，再不然就是魚丸
米粉，不過在熱鬧的市區中山路上，卻有一間賣了一甲子歲月的早餐
店，是當地人很推崇的。

中山路上的城隍廟歷史悠久，香火鼎盛，隨著廟口人潮擺攤販賣的小吃
攤自然也不少，城隍早餐就是其中一家，不過這裡不賣米粉羹，卻賣豆
漿、手工煎餃、杏仁茶或飯糰這種南、北方都有的美味。傳統的不鏽鋼
餐檯旁，是隨時隨地都在桿皮、包餡的餃子檯，麵團的香氣三兩下就變
成油煎鍋裡的焦香，這種味道讓合盛66民宿的主人律瑩難忘，時不時
介紹她的住客到此大快朵頤一番。

但最讓人驚豔的還是杏仁茶，店家每天一大早熬煮，這樣的堅持讓杏仁茶在淡淡的馨香中，還有一份濃淡相宜的口感，尤其是店家保持著以碗型鋼勺盛茶的設備，有點 50、60 年代的氛圍。而搭配杏仁茶最好的莫過於蛋餅，這裡蛋餅扎實有咬勁，尤其是摻了肉鬆做內餡，那種鬆軟與彈 Q 口感非常絕妙。

焢肉飯也是店裡招牌，因為店開到下午，有不少在地人中午會到這打牙祭，簡單的一碗飯，一片荷包蛋加一塊肥大的五花肉，散發著油香，讓人垂涎不已。來這裡，不但能填飽肚子，也因為這滿滿的宜蘭人情味而感到心滿意足。

食 飽足感十足的滷肉飯糰

印象中的飯糰是扎實的糯米飯搭配油條、菜脯還有肉鬆的口感，城隍早餐的飯糰卻是一大塊滷得油香油香的五花肉，配上荷包蛋、油條還有肉鬆，白米飯混了滷汁，那滋味要嘗過的人才知道，而這份為了讓趕時間的客人發想出來的貼心，也成為城隍早餐店的人氣小吃。

圖片提供：江明麗

INFO

/ 地址：宜蘭縣宜蘭市城隍街 3 號
/ 電話：(03) 935-6413
/ 價格：焢肉飯糰 45 元、手工煎餃一粒 7 元、
　　　　杏仁茶 16 元起
/ 時間：04:00 ～ 14:00，週一休

北門口蒜味肉羹
飄香近 50 年的香嗆好味道

本篇圖片提供：楊志雄

老店裡，吃一碗肉羹的時間不超過半小時，假日還得排隊，即便這麼難等，
北門口蒜味肉羹依然門庭若市，這麼吸引人的原因，無非是那一味嘗起來
嗆香的蒜汁與甘甜肉羹，吃上一口就是一生難忘。

這個從民國 55 年就已經開業的在地小吃，不僅是宜蘭人念念不忘的家鄉
味，因為吃客呷好道相報，現在也是外地觀光客必吃的美食榜。店裡的肉羹都是當
天現做，大湯鍋隨時都有鮮肉羹下鍋熬煮，因為新鮮，也保留了豬肉本身的甘甜味。

羹湯是宜蘭人非常習慣的吃食，不管是肉羹還是米粉羹，這一味滑滑嫩嫩的餐點總
是能引起些許鄉愁，肉羹的做法千百種，加入蒜味做主打而聲名遠播的，就屬北門
口蒜味肉羹最成功。根據第二代老闆林佳宏的回憶，在肉羹加入蒜味其實是聽從一
位老客人陳醫生的建議，剛開始加入少許蒜味測試市場，沒想到反應很好，後來略
做調整到一定的分量後就固定，口感帶有嗆與香的蒜味肉羹就這麼暢行五十餘年。

INFO

/ 地址：宜蘭縣宜蘭市舊城北路 141 號
/ 電話：(03) 932-4293
/ 價格：肉羹、肉羹麵、粿條、米粉 45 元，
　　　　外帶肉一斤 180 元，湯一包 25 元
/ 時間：09:00 ～ 17:00，週二休

北門綠豆沙牛乳

濃香純，宜蘭必喝綠豆沙牛奶

本篇圖片提供：楊志雄

每到假日，中山路與舊城北路的交叉口總有著長長的排隊人龍，
為的是那一杯具有十足分量的綠豆沙牛奶。喝上一口，濃、香、純……
不只家裡像養了頭牛，連綠豆綿密的口感都像是剛磨好一般。

有 30 年歷史的北門綠豆沙牛乳，假日總得排上個半小時跑不掉。第一次喝會發現跟一般市面販賣的綠豆沙牛奶不太一樣，入口沒有沙沙的綠豆殼口感，取而代之的是和牛奶融為一體的綿密滋味，舌尖充滿綠豆淡甜的香氣，難怪有這麼多人願為它等候。

北門綠豆沙牛乳名聲之所以響亮，主要是對綠豆篩選的標準很嚴格，店內使用的是台灣特選綠豆，每顆綠豆的外觀不可太大，須粒粒飽滿，若是個頭太大，外殼也相對較硬，容易煮不爛，擁有綿密口感的綠豆沙也就無法完美呈現。

這裡除了賣有名的綠豆沙牛奶外，也有許多新鮮的百分百原味果汁，而芋頭沙牛奶也是不可錯過的人氣飲品，熱賣程度不下於綠豆沙牛奶，喜歡芋頭的朋友可別錯過。

INFO

/ 地址：宜蘭縣宜蘭市中山路三段 208 號
/ 電話：(03) 932-2852
/ 價格：綠豆沙牛奶、芋頭沙牛奶、柳丁汁 50 元
/ 時間：10:00 ～ 19:00（週一、二休）

正好鮮肉小籠包
皮薄餡多湯又鮮，滋味迷人

若拿世界知名的鼎泰豐跟正好鮮肉小籠包評比，起點就不公平，但美食本就是一舌一味，著實是個人口感的事，所以宜蘭人覺得寧願吃正好，而對於外地遊客來說，好吃的小籠包只要皮薄餡多湯鮮就已足夠。

提到鮮肉小籠包，外地遊客常常聽到「正常」兩字，這個在宜蘭已經開遍大街小巷的小籠包店或許因為連鎖店家太多而失了獨特感，所以，吃小籠包，要掏在地人的口袋名單！在他們的小吃版圖上，位在光復國小對面的正好鮮肉小籠包才是正選。

這家店不大，處在路口邊間上，排隊的人看似不多，其實都在周邊遊晃，因為店家發了號碼牌，平日一張就是等上半小時，假日超過一小時的狀況也常常發生，需要等的原因是因為小籠包都是現做，兩口蒸爐隨時都有竹蒸籠高高塔疊，後面總有 2 ～ 3 人正快手的捏著小包子，當然也少不了擀皮組，前前後後工作人員超過 6、7 個人。

宜蘭人說，正好的小籠包之所以讓
人上癮，在於精心調製的肉餡料，
新鮮的豬後腿肉保留甘甜，大把大
把的三星蔥像不要錢似的猛加，這
樣的海派，讓正好的小籠包在入口
的那一剎那添甘提香，汨汨流出的
湯汁就是一個「鮮」字，任何言語
都無法形容，難怪宜蘭人喜愛這一
味更甚台北的鼎泰豐。

另一件有趣的事是店家的號碼牌，
用的是手寫的號碼卡，不多不少只
到 20 號，1 到 20，輪完再重頭，有
興趣的話，不妨問問老闆為何只到
20 號吧！

推 6 秒達成的鮮美滋味

這裡的小籠湯包不用秤重，沒
有算幾摺，全憑包餡者的手
感，厲害的老手平均一顆只要
6 秒。肉餡是從冷凍室直接取
出，加入新鮮綠蔥就開始包，
冷凍過後的肉湯汁凝結，加熱
後成為迷人的肉湯，品嘗時記
得用湯勺接住，才能一口嘗到
肉湯的鮮美。

INFO

/ 地址：宜蘭縣宜蘭市泰山路 25 號之 1
/ 電話：(03) 932-5641
/ 價格：小籠湯包一籠 60 元（10 粒）、豆漿 15 元、酸辣
　　　湯 25 元
/ 時間：08:00 ～ 12:30、15:00 ～ 19:00，週一休

阿添魚丸米粉
超過80年的在地好味道

跟印象中包了餡的魚丸不同，阿添魚丸是一顆顆小巧，但吃起來很扎實
的鮮丸子，或許是旗魚跟鯊魚肉的絕妙組合，阿添的魚丸在嘴裡就是有
那一種Q彈到心裡的勁道，讓人一試成主顧。

開了超過80年，位在宜蘭市五結王公廟前的阿添魚丸米粉，是宜
蘭在地人支持超過三代的老字號小吃店，當年的孫子成了爺爺，
再帶自己的孫子來吃，一碗魚丸米粉不僅僅是美味的代表，也代表家鄉
味的回憶。

可以受到家鄉父老的捧場，是因為阿添選用極好的材料，彈Q的魚丸
用的是旗魚跟鯊魚肉的混合，第三代老闆翟承漢曾說過，單單只有旗魚
肉口感太硬，鯊魚肉則太軟，兩者混合才能有絕佳的咬勁。做好的魚肉

泥混和番薯粉漿攪拌，中途加入鹽巴調味，主要是帶出魚肉特有的膠質，然後再加入豬肉、油蔥酥、芹菜與鹽、香油等調料，還有重要的金鉤蝦，有了這項配料就更能跟魚肉完美搭配。

阿添的魚丸之所以好吃，最大的重點在於魚漿與各項配料都是老闆用手勁攪拌，手工的力道讓魚丸彈性更好，這也是他們一直堅持手工製作的原因。魚丸的球狀有時是老闆用手捏塑型，有時會藉由機器製造，會先過一次滾水，再放入鍋內煮沸，而搭配的粗米粉口感極佳，這也是過了冷水的成果。店裡只賣魚丸跟魚丸米粉 2 種，老客人知道桌上的辣醬是獨門祕方，所以都會舀上幾匙提香，喜歡香辣味道的人不妨品嘗看看。

推 貼心鹽水

搭配魚丸的湯汁是特別用大骨去熬煮的湯頭，味道香甜清淡，不過並不是每個人都能適應，所以店家很貼心的在桌上放了一瓶鹽巴水，有別於一般小吃店只放精鹽罐的型態，調過的鹽巴水不會太死鹹，喜歡口味重一點的話，可以適當添加。

INFO

/ 地址：宜蘭縣宜蘭市負郭路 25 巷 5 號
/ 電話：(03) 931-0231
/ 價格：魚丸湯、魚丸米粉大碗 40 元、小碗 30 元，
　　　　魚丸一包 100 元
/ 時間：06:00 ～ 12:00，週一休

麻醬麵蛤蜊湯
頭城老街旁不可錯過的銅板美食

嘗美味有時不需要花太多錢，一枚 50 元銅板就能飽餐一頓，在頭城，
麻醬麵蛤蜊湯只需要你口袋裡的 2 枚銅板，點一碗香氣濃郁的麻醬麵，
配上一碗甘甜可口的蛤蜊湯，就能吃到累積 50 年功力的獨門美食。

店面坐落在車水馬龍的青雲路上，一旁就是知名的頭城老街，麻醬
麵蛤蜊湯無疑是當地生意很火紅的小吃店之一，即便店裡的空間
比之前已寬敞 3 倍，到了假日，還是看得到排隊人潮。

以「麻醬麵蛤蜊湯」做店招，沒有特別取名，實在是這家原本開在外澳
的老店家知名度太高，那時到外澳衝浪的衝浪客，或是熟門熟路的老客
人都知道要到這裡打打牙祭，搬到頭城老街附近，菜單項目多了，大家
最習慣的還是麻醬麵與蛤蜊湯這兩味。

開了超過 50 年，主打的麻醬麵還是維持最初的那個味道，即便是傳到第三代，老老闆傳下來獨門醬汁調配麻醬還是一樣香醇，碗裡的麻醬分量老闆用得海派，幾乎占了四分之一，搭配滾水燙過的白麵一起攪拌，濃郁的花生香氣在口中瀰漫開來，不鹹不淡剛剛好。另一個人氣明星小吃——蛤蜊湯，其精華不在幾顆小蛤蜊，而是小鋼碗裡的奶白湯汁，把蛤蜊特有的鮮全部囊括了進去，重點是一碗才 20 元，非常便宜。

除了 2 項主打，店裡也有炊麵、豬油麵可以選擇，小菜的種類也不少，宜蘭特有的粉腸、清爽的涼拌小管，還有招牌的炸豆腐、鮮嫩多汁的肉捲，都是不可錯過的在地味。

INFO

/ 地址：宜蘭縣頭城鎮青雲路三段 123 號
/ 電話：(03) 977-4476
/ 價格：麻醬麵 35 ～ 70 元，所有湯類 20 元
/ 時間：07:00 ～ 19:00

添喜小吃館
讓人驚艷的海鮮創意料理

添喜小吃館是礁溪人的私房美食名單，在當地民宿的低調推薦下，漸漸也在眾多刊物與部落格中有了不小的知名度，這裡的食材新鮮，店家強調絕對不使用養殖魚做菜，保證口感，也保證鮮度。

旅行在外，要吃到有在地風味的佳餚，最聰明的方法自然是問問當地人，而礁溪的添喜小吃館，就是因為合盛 66 民宿的女主人律瑩的介紹，所發現的一個驚喜。

從外觀看，添喜小吃館就跟台灣大街小巷裡常見的熱炒店一樣，外頭是一個儲放海鮮的冷凍櫃加上快炒區，裡面是大約 10 個桌位的用餐空間，如果不是律瑩的介紹，遊客們大概不會踏進這裡，但只要吃過店裡的招牌，就會明白什麼是所謂的一試成主顧。

添喜小吃標榜的是宜蘭的創意風味
餐，這裡的創意，不是隨隨便便亂
喊的，菜單一攤開，日式苦瓜、芥
末海鮮煎餅、蒜香奶油大杏菇，每
一道都是用本地食材結合異國調料
烹調出來的美味。日式苦瓜用鮮脆
的白玉苦瓜搭配和風醬與香鬆做成
一道涼拌，過熱水的苦瓜沒了苦澀
味，配上特製醬泥，那口感真是讓
人兩眼發光。

芥末海鮮煎餅是人氣選項之一，大
廚很海派的用了宜蘭所有當季的海
鮮做內餡，鮮蚵、鮮蝦、透抽、蛤
蜊肉，混合香酥的雞蛋，再以美乃
滋與芥末醬當沾料，蜜甜與微嗆的
滋味讓人直流口水。蒜香奶油大杏
菇有濃郁的奶油香氣及杏鮑菇的彈
脆，而使用了皮蛋與飛魚卵的涼拌
雙蛋也是不可錯過的配飯菜色。

INFO

/ 地址：宜蘭縣礁溪鄉德陽路 79 號
/ 電話：(03) 987-4579
/ 價格：日式苦瓜時價、芥末海鮮煎餅小份 150 元、蒜香
　　　　奶油大杏菇小份 120 元、涼拌雙蛋小份 100 元
/ 時間：11:00 ～ 14:00、17:00 ～ 23:00

老眷村川味牛肉麵
礁溪知名飯店總經理的口袋名單

因為喜歡，真的有宜蘭人幾乎天天到這裡報到，或許是菜色很多，
或許是因為這裡用餐的氛圍，老眷村川味永遠是門庭若市，
不管是在地人還是外地遊客，眷戀的是牛肉的軟嫩與半筋半肉的咬勁，
鍾愛的是大骨湯頭那一口絕妙的滋味。

可以被礁溪老爺飯店的總經理放到美食口袋名單，並且邀請親朋好友屢次造訪，位在宜蘭市復國新村的這間老眷村川味牛肉麵本事可真是不得了，簡單的店面裝潢每到用餐時間就會擠進大批的吃客，熟門熟路的老客人已經知道一進門就拿著菜單，大筆一勾再交給工作人員，無需詢問有哪些菜是招牌或哪些菜好吃，就像是自家的廚房一般，寫意自在。

這間店在宜蘭開了超過 7 年，目前已經傳到第二代，老闆娘郝淑芬接手了上一輩的好手藝，無論是拌煮炒都承襲了最初的那一味。店裡的招牌是牛肉麵，不管是半筋半肉還是純牛肉，因為特別的料理方法而有了獨特的味道。每一碗麵的牛肉都是老闆娘用特選的四川香辣調料烹煮，「味道濃郁、香而不嗆」是大部分食客對老眷村川味牛肉麵的評價。

四川的辣椒大軍展現道地川味

牛肉是來自紐西蘭牛肉品種，要讓牛肉好吃，拌炒的佐料得精挑細選，
包括老薑、洋蔥末、岡山豆瓣醬以及米酒、白醋等一起拌炒，讓牛肉充
分混合這些拌料的香氣與甘甜。搭配的紅燒湯頭是用牛骨清湯加入獨門
調配的中藥粉，用 3 小時的時間熬煮，再以小火燜製，牛骨本身的油脂
豐富，讓香氣更為濃郁。

牛肉麵的最佳搭檔

店裡的小菜就擺在店門口處，光看就很可口，
每一道都是店家精製，而在眾多小菜裡，與
牛肉麵最搭的莫過於酸豆，這是老闆娘選購
自台灣的菜豆製作，新鮮菜豆要先用鹽和白
醋醃漬 3 個月，烹調時切碎，加入蒜頭、泰
國辣椒與一些碎肉拌炒，因為特選，所以酸
豆吃起來嫩脆兼具，也是人氣小菜之一。

老眷村的川味道地，在於老闆娘專程從四川購買花椒、乾辣椒與辣椒粉，再混合三十多種香料製成，清燉湯頭也是用牛骨熬製，花上 16 個小時的工夫料理，讓湯味有純粹的清香且不膩。吃麵一定要選刀削麵，不僅僅是麵條的口感，搭配牛肉與湯頭更是絕佳。除了招牌牛肉麵，少見的二兩麵也要嘗一嘗，混合了乾辣椒、蔥花以及碎花生粒的這道香辣乾拌麵讓人辣得過癮，嘗過難忘。

INFO

/ 地址:宜蘭縣宜蘭市泰山路 100 巷 130 號
/ 電話:(03) 936-2700
/ 價格:半筋半肉刀削麵 120 元起、二兩麵 55 元起
/ 時間:11:00 ～ 14:00、17:00 ～ 20:00，週日休

樂山溫泉拉麵
泡足湯、吃拉麵，四季皆暖

吃拉麵到底要不要出聲音其實看個人習慣，
但如果可以邊吃拉麵邊享受足湯，那捧場的人鐵定很多。
樂山溫泉拉麵曾特地去日本考察過，發現真有店家提供這種服務，
甚至打造了一個大型的拉麵碗當作浴池讓客人泡湯呢！
希望這種有趣的體驗不久後也可以在台灣出現。

在冷風呼嘯而過的冬日裡，比起手中暖不起來的暖暖包，或者是厚重的棉被窩，溫泉與拉麵這兩樣事物大概是最讓人享受與迷戀的選擇。所以在礁溪，樂山溫泉拉麵店就把泡溫泉與吃拉麵這兩件事兜在一起，這麼一兜的結果就是長長的排隊人潮，想泡湯又想吃麵，那麼就得等。

樂山溫泉拉麵在礁溪已經有 2 個據點，新的分店在礁溪公園旁，設計跟裝潢十分新穎，也更符合日本店家的風味，本店在奕順軒礁溪店附近的巷子裡，面積雖然不大，但是小巧可愛，或許是創始店的原因，老客人反而更喜歡往這裡跑。本店開始營業至今已經有 5 年的時間，老闆娘高芬是位泡湯狂人，所以結合了拉麵與泡湯的趣味性，說是泡湯，其實真正來說是足湯體驗，店面外頭特別設計了一個長條區的足湯池，湯泉高度正好到小腿肚，池子上方是一個長桌，客人能一邊泡腳，一邊大口吃拉麵。

豬排拉麵與生魚片蓋飯超人氣

邊泡腳邊吃麵的立意新鮮，也招來不少客人，但店家對於拉麵的品質也不含糊，店裡的招牌是豬排拉麵、生魚片蓋飯，豬排拉麵的豬排口感爽脆，可以想像廚師下刀時那種脆到骨子裡的卡滋聲響，這裡的豬肉是特選的宜蘭黑豬里肌肉，鮮嫩又多汁，本以為豬排的蓬鬆感是來自於外裹的蛋液，殊不知店家做了調整，以日本清酒、胡椒與麵粉調和，一樣能讓炸豬排有爽脆的麵衣。

礁溪北方就是著名的大溪漁港，這裡有源源不絕的新鮮魚貨，自然也讓店裡的菜色少不了要添增一點生魚片的身影，蓋飯是除了拉麵之外本地人也很推崇的美味，竹筴魚細緻的肉質搭配生蛋，就能有讓人難忘的絕妙滋味。

推 樂山拉麵的足浴特區

足浴拉麵池在本店只有 8 個座位，座位不多，但想同時泡腳與吃麵的人不少，所以每到用餐時間或者假日，這一區塊就會有排隊人龍，只能耐心等待。溫泉是純正的礁溪溫泉，無色無味，有滑膩感，也是吃麵時另一大享受。

INFO

/ 地址:宜蘭縣礁溪鄉礁溪路五段 108 巷 1 號
/ 電話:(03) 988-8637
/ 價格:豚骨拉麵 120 元、叉燒拉麵 140 元、豬排
　　　 拉麵 150 元起、生魚片蓋飯 200 元
/ 時間:11:00 ～ 14:00、17:00 ～ 21:00

羅東夜市

不可不吃包心粉圓
羊肉湯、蔥油派

如果想體驗人擠人的樂趣，那記得週末晚上到這裡壓馬路，

如果只是想好好的大吃一頓，那麼記得要選在平日下雨的晚上，

人潮少一點，保證可以從街前吃到街尾，直到撐破肚皮為止。

若要找宜蘭夜間最熱鬧的地方，莫過於總是人潮擁擠，摩肩接踵的羅東夜市了，這個以羅東中山公園為中心，大小攤位依著公園四周鋪展開來的人氣鬧區，現在因為知名度大開，已經是國內外旅客必訪的地點，羅東鎮公所在十多年前規畫了觀光夜市之後，隨著各式小吃一一進駐，為遊客提供宜蘭在地美味，從公園路吃到興東路，從民權路吃到民生路，熱的、冷的、鹹的、甜的，應有盡有。

夜市裡攤位不下百家，受歡迎的超過
20 家，包括郵局前的義豐蔥油派，民
生路上的龍鳳腿，中山西路上的炸卜
鴨，每一攤都讓人食指大動，不過真
要說一級戰區，那公園路上的廣東滷
味、烤肉攤、包心粉圓、七里香都是
排隊大點，而民權路上的阿灶伯與羊
鋪子羊肉湯更是不可錯過。

阿灶伯的當歸羊肉湯雖是藥膳湯底，
但清淡爽口，搭配薄切的羊肉片味道
剛好。義豐蔥油派每天下午 3 點就開
始營業，賣到完為止，除了手工擀麵
皮以外，用的也是宜蘭的三星蔥，用
平鍋現場香煎的蔥油派馨香可口。包
心粉圓是羅東的招牌，最大的特色在
於大顆粉圓裡包裹一整顆紅豆，Q 綿
的味道瀰漫在嘴裡，是飯後甜點的最
佳選擇。

INFO

/ 地址：宜蘭縣羅東鎮民生路、民權路、公園路、
　　　　興東路
/ 電話：(03) 925-1000
/ 價格：阿灶伯當歸羊肉湯60元、義豐蔥油派30元、
　　　　包心粉圓 40 ～ 55 元
/ 時間：18:00 ～ 24:00

張秀雄米苔目
無招牌，傳香 50 年的老口味

坐在攤車前等著上菜，在這裡可以看著小老闆料理黑白切的身手，
也能看著雪白的米苔目在湯鍋裡沸煮的過程，熱氣與香氣隨風到處飄散，
還沒有吃到就已經被勾了上癮，無法自拔。

羅東人買菜的時候，總愛順道去吃一碗熱騰騰的米苔目，尤其是在
寒冬時節，這家開了超過 50 年，總在清晨 5 點半就開門營業的
小吃店，就是在地人祛寒飽暖的依靠。張秀雄米苔目以前沒有招牌，即
便現在知名度高漲，也沒有想到要訂做一個店招，老老闆張秀雄說，羅
東人要吃他們家的米苔目，會知道要來公園邊這一家，各路報導的媒體
知道老闆大名，所以在提標的時候，就以張秀雄米苔目做店名，久而久
之也就這麼叫下去了。

店裡的招牌是米苔目與一堆黑白切,米苔目是用在來米混和番薯粉拌成麵糰後,再放到壓條機裡塑形,所以同時具有軟嫩與彈Q的特色,黑白切的人氣選項是粉腸,這一味是第一代老闆時期就有的點心,早在沒有店面時期,還是在市場擺攤的時候就有,粉腸是用天然的腸衣灌進豬肉與番薯粉製作,內餡軟嫩,外皮有咬勁,搭配米苔目正好。

除了粉腸,三層肉、沙魚煙、粉肝是另外必點的大熱門,老闆說,食物之所以美味,在於他們將食材處理後送到客人嘴裡的時間夠短,保證了新鮮度,黑白切的料都是每天新鮮現做,保留了最原始的甘甜味。因為是排隊名店,建議不要在假日前往,就算是平日也要挑選人潮不那麼擁擠的時段,開門後的半小時與收店前的半小時最佳。

 湯頭美味的祕密

米苔目的湯頭總有一份濃得化不開的甘甜味,清爽帶有餘韻,本以為是尋常的大骨湯,其實是混了粉腸、三層肉等黑白切食材熬煮而成,做好的米苔目在湯頭裡加溫,讓湯汁的甘甜滲入,更多了一分美味。

INFO

/ 地址:宜蘭縣羅東鎮公園路 136 號
/ 電話:(03) 954-7533
/ 時間:05:30 ～ 11:30 賣完為止,
　　　 週一休
/ 價格:米苔目 40 元、粉腸 20 元、
　　　 沙魚煙 30 元

蘇澳手擀麵

無比彈牙的手工製麵條

蘇澳手擀麵有著鄉鎮小吃的優閒與自在，當老闆沒有忙到分不清南北的時候，是很樂意跟客人聊天的，他們會分享店裡的古董板凳故事、會提醒你多加點沙茶，這樣的吃食樂趣才是在地小吃珍貴的時光。

越是沒有招牌，越能吃到精彩的巷弄美食。蘇澳的小吃點大部分集中在廟口附近，不過跟著在地人的腳步，也能在彎曲的小巷間，找到一味最在地的美食，位在新生路上的這間手擀麵就是其中一例。

照慣例，手擀麵沒有店招，所以本地人直接將這家店冠上地名——蘇澳手擀麵，清楚又明白。店內坐鎮的是第二代的小老闆夫妻，超過 40 年的店齡比他們的年紀還大。

手擀麵是用中低筋麵粉混合製作，店內還有一張專門擀麵的長木板，據說使用年代跟店家一樣老。用手工揉打的麵團切成細麵條，保有特別的彈性，摻了沙茶醬料的乾麵吃起來無比彈牙，還帶有淡淡麵香。這裡的招牌是乾麵，而沙茶醬料就是成就乾麵好吃的功臣，麵攤上有一鍋沙茶醬讓客人添加，這是老闆每天專門早起熬煮，也是店家的獨門祕方。

除了沙茶麵以外，餛飩是必推的另一選項，皮薄到可以透光的餛飩，內餡是甘甜有味的豬肉與各式調料，因為新鮮現包，所以非常可口，搭配的湯頭是以大骨費時熬煮，都是這裡不可錯過的美味佳餚。

INFO

/ 地址：宜蘭縣蘇澳鎮新生路 9-1 號
/ 電話：(03) 996-6563
/ 價格：乾麵小碗 35 元、餛飩湯小碗 30 元、餛飩
　　　 貢丸湯 45 元
/ 時間：07:00 ～ 13:00 賣完為止，週一休

CHAPTER 3
必踩美景

絕美的碧湖畔、壯闊的海天一線
特色藝文空間與美好的文化保存
不可不踩的宜蘭美景

幾米公園

繪本立體化, 幾米人物降臨宜蘭

根據多人的經驗, 拜訪幾米公園前, 可先把幾米《向左走。向右走》、
《星空》與《地下鐵》這幾本書拜讀消化, 到了現場就會有不同的感受,
當然, 不要選擇人多的假日, 最好是陽光斜射的午後,
那樣, 才能真正享受幾米公園的自在氛圍。

本篇圖片提供：楊志雄

「奇蹟迷路了」、「寂寞上場了」、「祕密花開了」、「人生總有許多巧合，2條平行線也可能會有交會的一天」、「不知道為什麼，我總會在這裡那裡遇見他」……這些詞句對於幾米粉絲來說，已經如呼吸般的熟稔，也知道是出自於他的繪本作品裡的哪一篇，哪一頁。幾米是台灣繪本創作的一個奇蹟，現今也已是一個品牌，他旗下的墨色國際公司將這個品牌經營得有聲有色，讓他的想像不僅僅存在於紙本上，也出現在航空器與飯店客房上，當然，去年引爆參訪人潮的宜蘭幾米公園也是一個立體的呈現。

幾米主題公園是墨色國際參與宜蘭縣政府在宜蘭火車站規畫國道客運轉運中心所得標的案子，在都市更新計畫中，宜蘭車站旁的舊鐵路局宿舍變身為一處結合公共藝術與轉運站的多功能廣場，因為旅行與離合的特點，幾米團隊把他膾炙人口的3部作品《向左走。向右走》、《星空》與《地下鐵》內著名的場景立體化，展現在車站廣場左側的露天空間，從開放以來便吸引大批觀光人潮。

✤ 讓你記憶片刻風景的旅行

整個設計主題以「記憶片刻風景」、「旅行」做主軸設計，《星空》的飛天公車在彩繪牆面與立體裝置藝術的表現下更顯活化，飛天麋鹿跳脫出畫框在空中飛躍，好似夢想成真；《向左走。向右走》的男女主角永遠背對著背往各自的道路前行，不管是在繪本、電影還是主題公園；《地下鐵》中的旅行箱也巧妙的散落在主題公園的各個角落，契合了火車站每一位即將離開或已經到達的旅人的心情。

因為幾米的知名度，讓很多旅客如朝聖般的在此逗留、拍照，廣場特別設置的鞦韆也成為大小朋友體驗的角落，但很少人花時間坐下來，靜靜的品味這裡的氛圍。

愛它，就別破壞它

開放不到半年，幾米的立體作品就已進廠維修，因為遊客的「忍不住」，讓這些作品掉漆的掉漆，折斷的折斷，即便現場有警告標誌，有廣播提醒，甚至還有工作人員娓娓勸告，大家還是有意無意的選擇性忽視，或許是太過激動，得要「親手觸摸」才能表達對幾米作品的喜愛，當然最大的原因是國人還沒有養成對欣賞作品要有保持距離的習慣，或許得要給點時間吧，相信終有一天會有美好的結果。

或許是人潮太多，影響了旅人享受幾米畫作的精髓，隨著開放時的熱潮，只要不是假日，幾米公園已經沒有了沙丁魚般的擁擠，如果有機會，在一個寧靜的午後可以拜訪這裡，或者坐在飛天空飛車彩繪牆的對面，靜靜的與幾米對話，或者跟著《星空》2 位主人翁一起等待公車的抵達，這才是享受主題公園最佳的時刻。

INFO

/ 地址:宜蘭縣宜蘭市宜興路一段 252 號（宜蘭火車站旅遊服務中心）
/ 電話:(03) 931-2152（宜蘭火車站旅遊服務中心）
/ 網站:www.jimmyspa.com

宜蘭新護城河景觀
再現宜蘭舊城人文記憶

　　因為想留給後代的城市景觀不僅僅只是水泥柏油路，所以宜蘭動手把埋在馬路下的舊水道重新呈現，啟動了宜蘭河邊的維管束計畫，看著宜蘭市部分路段有了渠道、有了垂楊，甚至出現了水中游魚的身影，宜蘭的孩子知道大人們很努力的在為他們書寫未來生活的幸福篇章。

隨著馬路越蓋越寬敞，宜蘭原本的舊城樣貌也只能在擬真地圖上呈現，攤開古地圖，可以看到宜蘭古城 4 座城門的位置，以及圍繞在周邊的護城河景觀，從清代起，宜蘭就是台灣島內一處重要的據點，因為宜蘭河暢通的水路，奠定了當時發達貿易的基礎。

但是這樣的古老城鄉樣貌隨著時代演進逐漸消失，宜蘭縣政府有意重現老城舊有的水路景觀，於是在 3 年前啟動了宜蘭護城河再現計畫，委託黃聲遠建築團隊進行「宜蘭河邊的維管束計畫」。

所謂「維管束」，指的是植物專門負責運送水分與養分的組織，因此這項計畫內容是以宜蘭河為主，把宜蘭酒廠、光復國小、新月廣場、中山公園、舊城南路納入帶狀綠廊規畫，讓人文風情與親水風光在宜蘭市慢慢流淌，還獲得 2013 聯合國宜居城市「提報專案類建築組」金質獎呢！

✿ 百年光復國小，最具代表性的護城河地段

這項計畫已經完成的部分建設中，最具代表性的地點位在光復國小，這間學校做為教育英才已經超過百年，有別於一般小園高聳圍牆的設計，學校與馬路的區隔反而是以一條潺潺河道與綠色垂楊打造的界限，這是宜蘭舊城護城河的原所在地，設計團隊在沒有影響交通的情況下，把舊城水紋重新展現在居民眼前。

這條明渠長約 180 公尺，寬約 5 公尺，深度僅 30 到 50 公分，兩岸搭配植被與散步道，讓市民有機會欣賞不一樣的城市都會綠廊道景觀。宜蘭舊城取名九芎，因此光復國小區域特別命名「九芎漾月」，人行道磚上也鑲嵌不少古諺語，譬如「春甲子雨赤地千里、夏甲子雨搖船入市、秋甲子雨禾生兩耳、冬甲子雨牛羊凍死」就點出四季的大地風情。

另一處護城河景觀位在蘭城新月廣場斜對面的停車場旁，這裡命名為「九芎流月」，而再另一段則是位在中山國小前的護城河景觀設計。這些地方將來會做為串連的據點，把宜蘭幾個重要的景點如宜蘭酒廠、新月廣場、宜蘭火車站等地區連結起來，讓民眾能藉由單騎，甚至是步行的方式，重新回味宜蘭舊城人文記憶。

INFO

/ 地址:宜蘭縣宜蘭市泰山路 60 號
　　（光復國小）
/ 電話:(03) 932-2077

順遊·宜蘭酒廠 圖片提供：江明麗

在恢復宜蘭舊城護城河風貌的帶狀路線裡，宜蘭酒廠是一處很重要的據點，這間已經超過 100 年的老字號酒廠，因為宜蘭清冽的水質，釀製出不少知名好酒。

而隨著時代演變，酒廠也轉型成為具有觀光休閒的功能，廠內規畫了甲子蘭酒文物館、TTL 主題館、台灣紅麴館、酒銀行等陳列館，對於認識宜蘭製酒發展有極大的幫助。若來到護城河附近，建議可到宜蘭酒廠一遊。

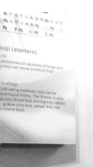

西堤社會福利館
有如藝術拼貼的創意建築

對遊客來說，搞清楚這棟建築為什麼要這麼蓋，更重要於社福館裡有那些單位，但是站在廣場前，會讓人好奇那多出來的紅磚體是哪一個部門，陽台上的稻子到底會不會結穗，一整個好奇心都被激發了出來。

真要提到宜蘭的特色，黃聲遠建築師為宜蘭打造多棟的創意建築，無疑是不可錯過的一環，這位拿了耶魯大學建築研究所碩士學位的建築師以不一樣的風格，讓宜蘭的地景建築跳脫了制式的印象，有了自己的生命，甚至有不少遊客規畫了黃聲遠的建築設計之旅。

在他眾多的設計作品裡，除了礁溪戶政事務所以外，位在宜蘭河濱公園旁的西堤社會福利館，絕對是值得參觀的一處據點，這棟建築最吸引人的地方在於不按牌理出牌的空間與線條，一個個橫陳出建築物框架的紅磚方體引人注目，搭配其他灰白的牆體，讓人相當好奇，有些人認為沒有章法的建築線條看起來有點像是違章建築，但又有種說不出的和諧感。

社福館是一棟地下兩層，地上六層的ㄇ字型連棟建築體，黃聲遠花了 5 年的時間打造，運用了宛如拼貼手法的概念並充分利用地景的搭配，在細部空間上也相當注重，用了大量的建材，不管是清水磚、鐵、鋁，或者是木材、洗石子、磨石子等等，展現了建築物的親和力，也讓洽公的民眾有舒適的空間感。

圖片提供：江明麗

景 不按牌理出牌的建築架構

在這棟建築裡，連上個樓都不能有自以為是的想法，以為樓梯總會乖乖的躲在建築物的邊角，其實這些廊道有可能會出現在某一個轉彎處，有種探險的感覺。社福館使用的建材也會加入台灣傳統的元素，譬如樓梯面板就是洗石子材質，似有點回到光復初期的年代。

圖片提供：江明麗

INFO

/ 地址：宜蘭縣宜蘭市同慶街 95 號
/ 電話：(03) 932-8822
/ 時間：10:00 ～ 20:00（複合式商店）
/ 網站：swi.e-land.gov.tw

圖片提供：江明麗

慶和橋津梅棧橋
宜蘭河濱公園上的一抹驚喜

津梅棧橋的人行棧道創意設計，不僅僅只具備通行的功能，
也顯示了宜蘭人對於大地與自然的在意。

台灣許多車行橋樑因注入斜張橋的建築概念，外觀已經有許多的突
破，有些甚至成為城市的地標，新北市要以光影打造橋樑的新生
命，而宜蘭更注重融於在地景觀的意象，所以，才會有慶和橋旁津梅棧
橋的出現。

印象中的人行陸橋總是依附在車道旁，津梅棧橋打破這樣的窠臼，特別在一側打造懸掛的人行陸橋，設計者就是黃聲遠建築師所屬的田中央設計群，他們以鐵柱鋼網等結構顛覆人行陸橋刻板印象，讓民眾過橋同時，也能欣賞橋下河濱公園的綠意與溪流。

橋的一端可通往津梅社區，那有知名的津梅磚窯廠，在陸橋的起點可看到一些彩色磚窯的意象圖騰與文字。棧橋最顯眼的地方就是一根根凸出於橋身藝術鋼柱，柱子上還有幾片葉子般的鋼片，這樣的造型是參考河濱公園上生長的蘆葦，深具巧思。

在橋下的活動空間，設計師擺放了運動健身器材供民眾享受。位於社福館這一端的慶和橋下多了 8 個盪鞦韆設施，每每慢步到這，總可以看到大人小孩前後擺盪，享受難得或者消失已久的童年時光。

景 梅津棧橋的特殊設計

坐在津梅棧橋延伸出來的空間，靜靜看著遠方的景象，心靈很容易平靜，地面多由木板拼組，但有一兩處是可穿透的條狀鋼板，能直接看到河水，拉近了橋樑與河道間的關係。

INFO

/ 地址：宜蘭縣宜蘭市同慶街 95 號（宜蘭社福館附近）

鄂王社區光大巷
細聽寧靜巷弄內的老社區故事

享受老社區獨有的祥和與閒適。這裡沒有太過商業化的改變，
就算是敘述社區的故事，居民們也是以磚雕、石雕、木雕這樣的
古老方法展現，簡單卻也純粹。

如果不是才奪下聯合國 2013 宜居城市競賽獎銅牌，甚至拿到世界藝術文化遺產獎第一名的榮譽，位在宜蘭舊城西路的鄂王社區大概很少有機會可以得意一番，獲獎時，社區協會理事長賀客盈門認為，對於這個只有 800 位住民的小小社區來說，獲獎是一種肯定，但將古蹟與藝文的風情融入社區生活當中，才是他們真正的目的。

清朝時期的鄂王社區緊鄰宜蘭河東岸，那時宜蘭河還叫做西門溝，由於航運發達，廟宇眾多，那時的社區吸引百家進駐，也帶入了百工聚集的風潮，舉凡木雕、石雕、彩繪、製餅等功力扎實的祖師級人物處處可見，也為當地知名的工匠留下了極好的名聲。

為了讓這樣輝煌的過往讓後代子孫記住，鄂王社區透過總體營造計畫，在光大巷以磚雕、木雕與石雕呈現早期的生活樣貌，短短數百公尺，不僅可以看到幾位老匠師的作品手藝，還能在巷弄的慢步路線裡，賞老宅、走老巷、看老井，享受一份老社區特有的寧靜氛圍。

磚紅牆面重現百工回憶

光大巷有 2 個出入口，分別位於舊城西路與西門路口，舊城西路轉進光大巷一開頭，就能看到鐵板透雕的「西鄉情藝」4 個大字，這是社區希望重現當年百工回憶的想法。一旁以木頭特別製作了社區周邊的位置圖，讓遊客能循著地圖為自己安排慢步路線。

物 200 年的老古井

潘宅後方是多棟不規則錯落的小屋，至今仍有居民居住，如果有意造訪記得放輕腳步。這裡最值得參觀的莫過於一口 200 年的古井，從水泥塗面的外觀看來不是很起眼，但只要探頭一望，古井內壁以石塊堆砌的工法就值得細細品味，這座古井目前仍是活水狀態，有機會的話還可以看到居民吊桶取水的畫面。

巷道一邊是社區住宅，另一邊是台電的高聳圍牆，社區利用圍牆做為展
示舞台，以鐵鑄字體書寫了鄂王社區自清朝以來的發展，不過最引人注
意的是一大片橘紅磚雕牆面，內容把社區居民的生活百態忠實呈現，工
作、慶典栩栩如生，一派祥和世界。磚牆一旁就是潘家老宅，雖然有許
多增建的部分，但從主建築的門楣、橫樑依舊能尋找這棟清光緒時期興
建的古屋風華。

INFO

/ 地址:宜蘭縣宜蘭市舊城西路光大巷
/ 電話:(03) 932-9912（鄂王社區發展協會）
/ 網站:ewang2009.wordpress.com

大溪鷹石尖步道
20分鐘，許你海闊天空

比起林美石磐步道的高知名度，大溪鷹石尖步道至今沒有太多人踏足，
但只要走過一趟，絕對難忘那在眼前展開的遼闊，煩惱也會隨風飄散。

登高望遠，最終的目的還是希望可以看到遼闊的景致，但是要讓美景映入眼簾，總是得走上幾小時的路，累得氣喘如牛才有辦法完成，雖說以健身為理由，但對於少運動的都市肉腳來說，還是會有心理障礙。

宜蘭靠海，但若想要近距離看到蔚藍的海景就在腳下，也不是那麼容易，直到一些山友大力推薦大溪的鷹石尖步道，才明白，原來享受海闊天空的風光不用太費力，只要 20 分鐘的腳程就能圓夢。鷹石尖步道位在宜蘭縣頭城鎮，沒有特別指標註明，但是登山口在明山寺附近，所以順著明山寺的指標就能前往。

如果想省一些腳程，開車族可以直接把車停在明山寺的廣場，往上步行大約 300 公尺就能到登山口。鷹石尖海拔大約 400 公尺左右，從登山口到終點的步道非常平緩，沿途綠林處處，令人驚喜的是步道沿途蝶況非常好，春夏時節蝶舞翩翩，景色相當怡人。

 山中翩翩起舞的仙子

低海拔的山林讓步道綠意叢叢，因為有專人固定打理，步道沒有雜草蔓生，探訪的季節對了的話，在步道口可看到不少種類的蝴蝶，偶爾能看到寬尾鳳蝶的蹤跡，但最常見的品種還是白粉蝶與黃粉蝶。

圖片提供：江明麗

⬡ 遠眺龜山島，俯瞰大溪城

鷹石尖是一處岩石突出的平台，因為形狀酷似鷹嘴，以此命名。終點沒有設計觀景平台，保留了風景地的原始風貌，突出的岩石台地大約半個籃球場大，但鷹石尖嘴的部分僅容 2～3 人站立。

天氣清朗時，可以清楚看到龜山島，這座戍守著宜蘭海岸的島嶼是忠誠的守衛，清晨有薄霧時，又像孤懸在海上的仙島，充滿神祕感。站在鷹嘴石下可以俯瞰大溪城鎮的風貌，大溪車站就在正下方，右側的旋月灣沙灘是有名的衝浪勝地蜜月灣，細碎的白浪不斷拍上岸，即便遠望也非常迷人。

左側是大溪漁港，這裡每天下午 2～3 點都會有豐富的漁獲供應，吸引宜蘭甚或台北各大餐廳的大廚前來尋鮮。突出的鷹嘴石底下懸空，所以站在上頭要有點勇氣，年輕朋友很愛在這裡攝影留念，不管是利用視角差拍攝手托龜山島的模樣，還是一群人卯起來跳拍，大家對於這處口袋私房點的喜愛有目共睹。

INFO

／交通：開車走台 2 省道右轉大溪路（宜
　　　　1 鄉道），車行約 4 公里可達

望龍埤

下一站，幸福的碧綠仙境

望龍埤最美的時刻應該是清晨天濛濛亮的光景，那時山邊天色帶點寶藍，湖中水波不興，拱橋與山景倒映在湖面，像仙境一般，這時，遊客三三兩兩，小販也還沒進駐，時光靜好，優閒自在。

幾年前，偶像劇《下一站，幸福》造成轟動，也連帶讓宜蘭員山鄉枕山村的望龍埤聲名大噪，埤塘旁邊一間閩南老屋做為劇中人物花姨和花拓也的小吃店場景，吸引了不少追星族到此拜訪。

望龍埤舊稱軟埤，是一處面積大約 4 公頃的湖泊，根據相關資料是在數百年前因為山洪爆發所形成的山中湖泊，主要水源來自降雨，因夏季多雨時水位會高一些。之所以取名望龍，在於當地耆老根據古諺中的「風從虎」、「雲從龍」的概念，凡務農多希望風調雨順，因此望龍埤便這樣產生了。

這區漂亮的埤塘無論何時都有讓人迷醉的面貌，放眼望去每一個角度都很完美，但在 30 年前曾經因為枯水淤積嚴重，導致雜草重生，幾乎是廢區，後來因為枕山休閒農業區成立，加上農委會水土保持局以及宜蘭農田水利會的規畫下，才能美麗變身，成為適合賞景、漫步以及休閒的好地方。

漫步環湖小徑，欣賞翠綠湖景

埤塘屬於長型，鄉公所在此設計了一條環湖步道，走一圈大約一小時的光景，湖中有一座小島，以九曲橋與木棧道連接，島上有一座中國式涼亭，稱為「望龍亭」。周邊有不少登山步道可以健身，包括鄰湖的飛龍步道，以及附近的挑夫步道等等。

碧綠的湖水無疑是絕美的，像老天掉落在人間的翡翠寶石，時時閃閃發光，有人覺得這裡像杭州的西湖，也有人覺得這裡像雲南麗江的飛龍潭，對照山景與湖中的拱橋，景色更似後者。

景 望美景最佳地點

望龍埤每一處視角都有不一樣的美景，其中位在湖畔中間的小島是最佳的地點之一，順著九曲橋慢慢進到湖中島，看到中國古亭閣一般的望龍亭，真以為到了哪一個古老的朝代，準備對著四方美景吟詩作對一番。

《下一站，幸福》小吃店原本的拍攝地，現在成為湖畔咖啡的經營據點，也是望龍埤人氣很高的餐飲點，這裡由老農舍改裝為咖啡館，帶點台灣老農村的優閒，除了提供咖啡、點心，比較推薦的是家常小炒，包括宜蘭名菜糕渣都可在此品嚐。

INFO

/ 地址：宜蘭縣員山鄉坡城路

羅東文化工場
停降在羅東的航空母艦

遠望羅東文化工場的天空藝廊，10個人有9個人會想到太空航艦，
實在是因為這個設計與建材很有未來感，光是欣賞就已經非常值得。
文化工場的活動很多，一場場的表演，一次次的創作成品曝光，
在這裡可以充分享受美學帶來的洗禮與悸動。

黃 聲遠又再一次的顛覆了眾人對於文化館的制式印象，2012 年 7 月底，歷時 10 年才完工的羅東文化工場開幕，這座被列為宜蘭第二座文化館的空間，不僅跳脫了以往的框架，除了沒有外牆，甚至還大玩線條遊戲，直橫、彎曲處處可見，展示館不在邊邊角角，而是飄在空中，宛若一艘準備起降的太空航艦。

羅東文化工場就位在羅東運動公園旁，是一座多功能藝文使用場所，廣大 4 公頃的園區被區分為南北兩地，南區是提供居民休憩運動用，北區才是各項藝文展示的地方。園區內外設施包括棚架廣場、大草坪、生態池、中央草坪、極限運動場，後方就是東方國中，巧妙的結合地景地貌是黃聲遠設計團隊的拿手好戲，這樣的概念也在羅東文化工場的呈現版圖裡清楚可見。

⬡ 在藝術作品中欣賞藝術作品

在所有的空間裡，就屬天空藝廊與棚架廣場最引人注目，棚架廣場的靈感來源取自於羅東林場的貯木池，高達 18 公尺的大棚架底下散發的意象就是池下的風光，站在棚架下仰望，陽光穿過棚頂灑下，交錯的鋼樑就像一根根浮木，訴說羅東林業曾經的繁華，這裡也曾經是 2013 年金馬獎頒獎典禮的會場。

如果說看一場展覽得進到太空船艙，這樣的體驗應該是絕無僅有的，在這裡，作品陳列空間被安置在天空藝廊，一座長 114 公尺的長方形廊道，被 6 根大柱子撐起，像懸浮在天際的太空艦艇，隨時準備啟航。

推 漂浮月台

說穿了其實就是位在天空藝廊的屋頂，從某一個角度看，人站在上頭就真的像飄在空中一樣，非常新奇。漂浮月台最大的特點在於可 360 度無死角觀看羅東市的風光，如果有時間上到月台，記得留個跳拍的倩影，為自己的漂浮做個見證。

圖片提供：江明麗

進入天空藝廊的通道也很獨特，巨龍般的彎道階梯暴露在空氣中，行走其間還可清楚觀察棚頂交錯的鋼樑線條，藝廊內規畫了數個小型展覽空間，定期陳列名家作品以供參觀。藝廊上方設計了漂浮月台，在此可以遠望羅東市景，透過拍攝的視角差，讓人宛若飄在天空中般靈動輕巧。

提倡手作也是這裡主打的活動，官方臉書會定期公告美學工坊的手作內容，包括定期開辦的傳統竹編技藝研習班、繪本插畫創作課，固定每兩個月開啟新班，讓羅東人透過手作體驗編織與繪本插畫的美麗世界。

INFO

/ 地址：宜蘭縣羅東鎮純精路一段 96 號
/ 電話：(03) 957-7440
/ 時間：平日 09:00 ～ 17:00，週六、日 09:00 ～ 20:00；
　　　漂浮月台 09:00 ～ 17:00；週一休
/ 網站：www.facebook.com/LuoDongWenHuaGongChang

梅花湖
掉落在人間的美麗花瓣

暢遊梅花湖，租輛單車是最佳的選擇，中途也有不少休憩點。

喜歡熱鬧的話，例假日週末的擁擠人潮可以滿足這樣的需求，

但如果需要一份恬靜，平日或細雨靡靡的時刻最是怡人。

顧名思義，梅花湖的大致輪廓是形似 5 瓣梅花才有這樣的稱謂，據說是蔣經國先生在巡視這座湖泊時取的名字，在這之前，梅花湖稱為大埤，是一處天然的蓄水湖，最佳的俯瞰點位在湖畔半山腰的三清宮，這間廟宇是全國道教總廟，香火鼎盛，因為建有公路，開車便可以抵達，如果想練練腳力，也有一小段的登山步道可體驗。

現在的梅花湖是冬山鄉很熱門的旅遊景點，這是因為宜蘭縣政府以風景特定區規畫改造，不僅搭建了環湖木棧步道，也設計了環湖單車道，而且禁止汽車進入，給行人與單車騎乘者一條安穩的休閒路徑。梅花湖面積廣闊，大約 20 公頃，環湖單車道繞行一圈大約 2 公里，騎乘半小時以內可以完成，如果有體力，順著湖邊慢慢走，大約一到一個半小時的時間。

夜間生態觀察與水鳥起落丰姿

湖邊綠意處處，有許多的自然生態可以探尋，可洽詢梅花湖休閒農業區進行導覽，夜間有不少生態可以觀察，包括在 4 到 6 月能看到螢火蟲，傍晚時分能看到莫氏樹蛙、黃斑椿象等動物與昆蟲。步道沿線有不少設施，包括觀景平台、木棧休憩涼亭、英雄祠與遊湖乘船碼頭，還有一座吊橋可以通到湖中的浮島。

湖中的浮島被稱為鳳凰島，據說帶有靈氣，島上規畫了一小段的野薑花步道，每到花期就能聞嗅到陣陣花香，讓人心靈沉靜。湖中不時可看到成群結隊的水鴨或水鳥優游，因為它們不怕生，偶爾可以在木棧道與之

相遇，最幸運的莫過於看牠們從空中俯衝至水面的姿態，擊拍的雙翅帶起湖面的波紋，倒映鳥兒們靈巧的身影，令人難忘。從湖畔看景與湖心觀景的角度不同，所以有機會記得搭乘風景區的遊船，環湖一圈大約15 分鐘。

 梅花湖的在地住戶

湖畔總可以尋到不少可愛的綠頭鴨蹤影，這些梅花湖的在地「住戶」也少不了被遊客們餵養，所以幾乎不怕人，小朋友也很自來熟，只要有機會就撒下大把飼料趁機「交交朋友」，無需言語，那份優哉游哉的時光就這麼自然發生了。

INFO

／ 地址:宜蘭縣冬山鄉大埤路 1 號（梅花湖風景區遊客中心）
／ 電話:(03) 961-5576
／ 時間:09:00 ～ 17:30（遊湖船）
／ 價格:全票 50 元（遊湖船）
／ 網站:www.lake.org.tw

冬山火車站
全台唯一瓜棚造型火車站

在冬山火車站，許多人喜歡多花點時間，看看頂上交錯的瓜式遮雨棚，或者坐在有風箏椅背的座椅上，等著太魯閣號或者普悠瑪號快速駛過，累積一段特別的車站回憶。

位在宜蘭縣北方的冬山火車站在 4 年前站體架高改建計畫時，由大藏聯合建築事務所以瓜棚造型設計得標，從高空俯瞰，遮雨棚造型非常吸睛，宛若一條蜿蜒的巨龍匍匐在車道上，設計者以拱形交叉鋼構造的意念打造棚架，猛一看更像瓜棚，或者是溫室。冬山在清朝時代稱為冬瓜山，源自於附近有一座山頭酷似冬瓜得名，後來改為冬山。冬山火車站在 1919 年設站，冬山鄉的特色是風箏，因此站體周邊或者是月台上，有不少以風箏為意象設計的物品。

火車站的架高地勢有助於旅客綜覽周邊的稻田景觀，當列車緩緩從北到南行駛，旅客欣賞的便是蜿蜒的冬山河與阡陌處處的田野景觀，加上透光性極佳的白色頂篷，讓在車站候車的旅人也能賞心悅目。

鄉公所也積極的規畫站內的旅遊觀光功能，目前設置了 7 台觀光台車，提供鄉內大興、東城、三奇、冬山及香和等 5 個社區使用，可以當作農特產或手工藝品的販賣，讓旅客在候車之餘，也能買買伴手禮。

物 冬山鄉的代表・風箏

不管是在月台還是站外大廣場，總可看到以風箏為意象的藝術品，這個原本是冬山鄉農民在農閒時休閒的活動，在推廣下成為主打的代表，因此車站設計也巧妙的把這項特色加入其中。

INFO

/ 地址:宜蘭縣冬山鄉冬山村中正路 1-1 號
/ 電話:(03) 959-4221
/ 時間:00:00 ～ 22:53
/ 網站:www.railway.gov.tw/Dongshan

南方澳觀景台
180 度全景縱觀海天一色風光

站在南方澳觀景台看海景最佳的時間為晴日當空的好日子，
那種純粹的藍色天空與湛藍海面連結在一起的畫面，
可以撫平心中的焦慮，讓心情瞬間轉化為無憂。

站在蘇花公路的末端，南方澳與蘇澳港廣闊的海景一覽無遺，在晴天朗朗的光亮下，那一大片的藍，美得讓人心曠神怡。這裡是蘇花公路 108 公里處的南方澳觀景台，原本只是一處停車場，後來在東北角暨宜蘭海岸國家風景區管理處的規畫下，成為欣賞海景的好地點。

觀景台沒有占去太多的公路腹地，一處大約半個籃球場的木造平台從公路延伸出去，從遠方看像一個漂浮在空中的平台，有點如夢似幻，平台上放置著投幣望遠設備，可以讓遠方的島岬、海灣和漁船納進眼前，不過，通常更多的人只是單純的站在平台邊，享受這海天一色的美麗。

從平台上眺望，左邊是蘇澳港，緊鄰著的是有著優美拱型的南方澳大橋，再過來是豆腐岬與筆架山，最右邊是線條極漂亮的內埤海灣，這裡常有人沿著沙灘慢步，也是賞日出很棒的地點。豆腐岬跟內埤海灣是台灣最大的陸連島與連島沙洲，讓原本是離島的南方澳因此與本島大陸有了臍帶般的連結。鮮美的漁獲日日從南方澳漁港進入，內埤海灣也因為有餐館的進駐，成為假日很受歡迎的旅遊勝地，是欣賞海景之餘，值得繼續造訪的地方。

圖片提供：江明麗

景 內埤漁港

南方澳有 3 座漁港，第二漁港稱內埤漁港，比南天宮金身媽祖前的第一漁港更靠裡面，早在 50 年代就已經興建使用，以前是漁獲拍賣市場，現在因為觀光客增加，成為遊客購買零售魚貨最主要的地方。

INFO

／位置：宜蘭縣蘇澳鎮蘇花公路
　　　108 公里處

CHAPTER 4
幸福餐館

在旅行途中，暫時褪下行囊

品一杯香醇咖啡，嘗一盤輕食甜點

在地小餐館中的優閒幸福

拾光響響
2 位大男孩的個性咖啡館

開了一年，拾光響響依舊靜靜的坐落在農權路連棟的老社區裡，
這裡之所以讓人喜愛的地方，在於無形之間散發的慵懶與放鬆感，
好像時間在這裡放慢了腳步，就連發呆也變得理所當然、名正言順。

拾光響響，很容易引人注意的店名，那一種希望拾取光陰流逝過的
剎那與瞬間，讓人對這家店有了好奇。雖然沒有太過繁複的裝潢，
拾光響響咖啡館還是在小細節上，看到了主人的風格與個性，這間店在
2013 年 1 月 14 日開幕，店主是 2 位對生活與咖啡時光執著的大男孩，
JK 喜歡音樂，「響響」就是代表他對音樂的熱愛，DUST 少言但很有想
法，並有著繪畫的本事，店裡的很多 KUSO 圖畫就是出自他的手筆。

咖啡館主打咖啡飲品與輕食，輕食是比利時列日鬆餅，它源自於 18 世紀，由比利時城市列日所在的主教區廚師所創的點心，以爽脆與扎實口感暢行歐陸數百年，現在也讓台灣人迷戀不已，拾光響響的鬆餅口味有 6 種，製作的麵糊都是店主人親自打理，展現了鬆餅特有的香氣與味道。

咖啡是拾光響響很值得推薦的飲品，這裡的單品用的是來自公平貿易的咖啡豆，在飲料單上也能清楚知道每一支咖啡豆的來源，不管是衣索比亞耶加雪菲，還是哥倫比亞考卡，中淺焙豆子的香氣在專業的手沖技巧下，得到非常好的抒發。除了咖啡，其他飲料也有門道，讓人驚奇的是盆栽咖啡，以花盆杯器皿裝盛，用巧克力餅乾碎屑鋪設於牛奶咖啡之上的飲料，很新鮮、很有趣。

 冰蜂蜜薑汁咖啡

是店主人開發的新玩意，好笑的是，試作出來品嘗的口感也會很直接的在主人的塗鴉裡真實呈現，原本對這杯飲料沒有太大興趣，但在 DUST 一幅捏著鼻子，落下不知該怎麼形容的評語時，反倒引起了客人的興趣，這杯用泡過蜂蜜的薑搭配單品咖啡手沖出來飲料，其實沒那麼「驚人」，淡淡的薑汁氣味有了咖啡的加持，反而更特別，值得一試。

INFO

/ 地址：宜蘭縣宜蘭市農權路 205 號
/ 電話：0982-387-909
/ 時間：12:00 ～ 21:00（不定時休，請查詢臉書）
/ 價格：比利時列日鬆餅 45 ～ 65 元、衣索比亞耶加雪菲 120 元、
　　　 盆栽咖啡 130 元、冰蜂蜜薑汁咖啡 80 元
/ 網站：www.facebook.com/cafeSeventeen

綠海咖啡
適合親子同樂的南洋風餐館

綠海咖啡最讓人印象深刻的是服務人員那自然的接待態度，
一聲體貼的詢問，一次溫暖的引導，讓人如沐春風，
有趣的是他們都會特別提到廁間門扉的藝術畫風，有點米羅的調調，
卻也散發一絲印象派的風格，這樣的特殊性，令人莞爾。

餐廳裡，一群服務生正對著來店的壽星歡唱生日快樂歌，不同於其他地方，歌曲是伴隨著時下頗流行的樂器烏克麗麗彈奏，曲風輕快，流暢自然，這是綠海咖啡為客人貼心安排的小節目，一如他們在其他小細節裡呈現的感動。

綠海咖啡在宜蘭經營已經超過 10 年，以咖啡餐飲來說，算是老字號的代表，這裡與剛起步不久就造成轟動的無菜單料理餐廳——青山食藝，為同一位老闆，善於經營餐飲業的主人以不斷推陳出新的創意，在宜蘭的餐飲界打下了不錯的口碑。從外觀看，綠海咖啡的味道屬於有點優閒的南洋風，料理方面也偏向這一調性，比較特別的是餐廳很注重家庭族群，所以在菜色、裝潢上很多都有照顧到小朋友的需求，久而久之，也成為親子喜歡造訪的店家。

隨季節推陳出新的特色料理
親切的服務是綠海吸引客人的重要原因之一，從態度、問候語上，可感受到服務人員的熱情，一年大約兩季變換的制服充滿青春活力，之前還曾經以牛仔裝造型出現，讓人耳目一新。室內的設計在創意燈飾與挑高樓層的寬敞空間感下，流洩寫意的氛圍，大片玻璃窗景適時帶入戶外光線，柔和了所有的線條。

料理是店內強力主打的重點，從一杯飲料、一份點心到一樣套餐，可以看到大廚精心設計的用心，除了大受歡迎的料理維持不變，原則上餐廳會依照季節更換菜色，近期的主廚推薦套餐包括了酒香風味雞、季節時令魚、酸甜鮮蝦鍋巴都是人氣菜單，各種口味照顧了所有客群的需要。而歷久不衰的菜色就屬豆花牛肉煲了！這道以軟嫩豆花搭配鮮香牛肉的煲品帶點微辣，冬日享用更入味。

點心方面的創意也讓人見證大廚的功力，包括卡茲脆薯、中捲佐沙沙、酸辣雞翅等共有 4 道，每一樣都讓人嘗到鮮奇的滋味，沒有因為僅是點心而馬虎敷衍。飲品值得推薦的是德國有機花草茶，這是套餐才能

推 手工包裝茶包

店內主打的德國有機花草茶茶包是工作人員特別以手工一包包細心包裝出的成果，最特別的是茶包上這個有如大溪地女郎的圖騰，是業主發想出來的人物。為了把餐館的熱情與親切恰當的傳送到客人手中，這茶包可於店內購買，喜歡的話可向服務人員洽購。

圖片提供：江明麗

品嘗的優質茶飲，是選用德國 B&B 品牌的有機花草茶，口味清冽且帶有自然的花香氣息。其他菜色琳瑯滿目，包括中式、西式還有義式應有盡有，是家庭、朋友聚會很適合的場所。

INFO

/ 地址:宜蘭縣宜蘭市女中路三段 293 號
/ 電話:(03) 936-7868
/ 時間:平日 11:00 ～ 21:30，
　　　週六、日 11:00 ～ 22:00
/ 價格:【主廚推薦】酒香風味雞、季節時令魚、
　　　豆花牛肉煲 300 元；【點心】卡茲脆薯、
　　　中捲佐沙沙 79 元，酸辣雞翅 89 元
/ 時間:11:00 ～ 21:30

原點旅行咖啡
在旅行途中分享相遇點滴

老闆是一位善談的斯文青年，因為是宜蘭在地人，
他很樂意與客人聊聊宜蘭，甚至花了時間製作自己的宜蘭市私房咖啡館地圖，
希望透過這個空間與平台，與大家分享宜蘭的點點滴滴。

原點旅行咖啡的老闆于秉弘，大學念的是資訊，研究所念傳播，畢業後，他返回家鄉，把咖啡館開在母校宜中附近，希望這個據點是宜中學生或其他旅客聚會的場所，也是創意作品的陳列空間。以旅行為出發點開設的店面，最顯眼的是一大面世界地圖，還有不少幅風景攝影作品。于秉弘曾前往澳洲遊歷，喜歡旅人在中途點的相遇，縱使最終還是會分開，但那一次次片刻相遇的火花卻難以忘懷，所以他希望原點旅行咖啡館，也能成為世界旅人路途中一次難忘的交會點。

原點於 2013 年 5 月開幕，這裡提供簡單的輕食與咖啡、茶等飲品，輕食菜單是口感清爽的早午餐，鴨肉火腿沙拉選用宜蘭特有的鴨賞，沙拉是老闆親手料理，可自選搭配可頌或貝果麵包。咖啡茶飲則提供常見的拿鐵與紅茶，比較特別的是店裡跟玉蘭茶園購買的宜蘭雪茶，淡淡茶香在鼻尖縈繞，如同店裡給人的感受，自在優閒。為了讓年輕學子或有夢想的創作者有發表的空間，二樓特別規畫一處藝文展覽場所，讓眾人看見宜蘭的創作生命力。

物 攝影作品的獨特生命力

一大片的地圖牆上，掛了十多幅的攝影作品，跟澳洲有關的，是老闆的攝影作品，其他則是老闆好友的創作，有些是影像式的呈現，更多則是世界著名地標的涉獵，雖然每一處景點大家都耳熟能詳，但攝影者獨特的構圖與光影，也讓這些風景有了值得欣賞的價值。

INFO

/ 地址：宜蘭縣宜蘭市宜中路 145 號
/ 電話：(03) 931-0430
/ 時間：08:00 ～ 21:00，週二休
/ 價格：宜蘭雪茶 50 元，水果優格沙拉、鴨肉火腿沙
　　　　拉 80 元，飲品＋輕食套餐 120 元
/ 網站：www.facebook.com/originilan

瑪德琳咖啡工坊
拄地人口袋名單，超美味手作甜點

這裡的招牌戚風，讓原本對戚風蛋糕沒有特別印象的人會一吃就愛上，
外表鬆軟，內容物卻很實在的蛋糕體，不管是搭配香蕉，還是淡淡的伯
爵柚香味道，給人的感受就像清風吹過綠草地的午後，恬淡馨香。

礁溪的湯圍溝是不管國內外旅客都想體驗的在地行程，就算沒有時
間到溫泉會館好好泡個湯，花 20 分鐘的時間在湯圍溝做個足浴
的享受還是要有的。既是知名的觀光區，周邊少不了有餐館店家，瑪德
琳咖啡工坊就是其中之一，位在德陽路的菁華地段位置極好，店面裝潢
簡單，看似沒什麼特別，其實有很多好料在裡面。

若是在地人願意推薦給旅人的在地美食名單，相信都在水準以上，瑪德
琳咖啡工坊就是在地饕客的美食口袋名單之一。這裡只賣輕食與咖啡、
茶飲，店主人是一對年輕的夫妻，老闆是義式咖啡拉花的高手，老闆娘
林珮均則是烘製餅乾、蛋糕的達人。

法式鄉村蔬派

孫德蓮

法式鮮果塔

Latte Art

⬡ 超人氣戚風蛋糕先訂先贏

咖啡工坊開了超過 3 年，讓老客人心心念念的不是咖啡，而是一款款糕餅與甜鹹派。店裡的招牌是戚風蛋糕，口味不多，但每一種都十分經典，主打香蕉、法芙那可可，抹茶戚風與伯爵柚香不一定每天出，除非事先預訂。香蕉戚風用的是台灣本土產的香蕉，嘗一口，濃郁的味道與香氣瀰漫在口中，久久不散。蛋糕體是用新鮮雞蛋、高級麵粉、糖、橄欖油製作，純手工打出蛋糕體的綿密口感，在膨鬆劑橫行的時代裡，這樣的堅持讓人感動。

食 焦糖肉桂蘋果塔

用焦糖拌炒新鮮蘋果的焦糖肉桂蘋果塔一樣是店主人用心烘焙的點心，加了麥斯蘭姆酒、核桃與葡萄乾做成內餡，每一口都品嘗到爽脆與濕滑兼具的味道，肉桂不搶戲的淡淡香氣，與酥脆的派皮搭配得恰如其分。

以瑪德琳命名的用意就如字面所提示一般，依循的就是法國著名的點心瑪德蓮，這種可愛的貝殼狀蛋糕也是店裡的人氣點心，常與其他的手工餅乾搭配做為下午茶套餐的選項。法式鹹派也是極度熱門的商品，因為是限量的，所以如果太晚去常會吃不到，若衝著這一款點心去消費，記得先打電話預約。鹹派佐料豐富，有波菜、培根、洋蔥、乳酪、洋芋、馬鈴薯，混合綿密的嫩蛋，吃在嘴裡就是一整個幸福的滋味。

INFO

/ 地址：宜蘭縣礁溪鄉德陽路 86 號
/ 電話：(03) 987-3173
/ 時間：週一～週五 13:00 ～ 23:00，週六～週日 11:00 ～ 23:00，週二休
/ 價格：焦糖肉桂蘋果塔 80 元，現烤鬆餅 100 元起，歐洲水果茶 90 元，戚風蛋糕、
　　　　瑪德蓮 50 元

青果果咖啡蔬食堂

好咖啡，好蔬食，好文學

簡單的裝潢與設計讓青果果在客人的顧盼間體會到純然的自在，
但也有不少小東西、小趣味，讓每個角落有如獨立的畫框般展現自己的色彩，
這裡的餐點好吃、咖啡好喝、主人親切好聊，是礁溪不可錯過的好據點。

青果果咖啡蔬食堂選擇在住宅巷弄內，專門經營咖啡單品與蔬食料理的餐館，業主是一對年輕的情侶——蝸農與小必，蝸農是餐飲本科畢業，曾擔任紅豆食府的廚師，小必主修新聞，特別喜歡日本文學。

餐廳的現有空間是蝸農跟叔叔承租，從 2012 年經營到現在，因為對於開店有一份夢想，加上支持環保、無肉的餐食概念，所以青果果以蔬食為主打，所有的料理都是無肉烹調。青果果每個角落都能自成一方風景，而最大的特點就是書架上一本本的書籍，有別於一般的主流書，店裡更多是純文學的作品，卡夫卡、沙特、陳克華等，是喜歡純文學的客人值得撈寶的地方。

⬡ 用心製作的蔬果料理及單品咖啡

之所以取名青果果，是因為小必有一陣子特別喜愛夏目漱石的作品，當中某本作品裡提到了青色果實的澀味，便愛上了這樣的調性，淡淡的，自然、無壓的感覺。雖然是蔬食料理，餐館的每道菜色可不馬虎，兼具色香味，主餐大約 9 道菜，包括咖哩野菇飯，還有以奶油時蔬、羅勒松子與番茄蕈菇 3 種味道做成的燉飯與義大利麵；特別推薦羅勒松子義大利麵，負責掌廚的蝸農把醬汁收得非常完美，羅勒的香氣滲進麵條，嘗起來有草原的清香氣息，非常好吃。

點心方面也值得大力推薦，招牌的裸麥蜂蜜貝果搭配 3 種果醬，包括肉桂蘋果、藍莓乳酪與小莓果，所有的果醬都由店家自己熬煮，肉桂蘋果帶有淡淡的肉桂香氣，熬得軟嫩的蘋果口感極佳。小必與蝸農兩人希望在開發食材上逐步邁向自製，2014 年新推出岩鹽好貴佛卡夏手感麵包，就是值得期待的新品。

咖啡是青果果另一項主打，兩人都喜歡喝咖啡，蝸農為此還學習了烘豆的技術，現在已受到不少品咖啡客人的支持。店裡的單品咖啡以非洲與拉丁美洲的莊園豆為主，包括衣索比亞耶加雪菲、哥倫比亞微拉高原、瓜地馬拉薇薇特南果與巴拿馬波奎特等。為了讓客人在店內嘗到最原味的單品咖啡，青果果的單品是用玻璃小壺裝盛，還會附上咖啡豆粉讓客人聞香，非常貼心。

推 寵物特餐

青果果店裡的 2 隻店狗——豬皮、牛皮，牠們是客人的開心果，因為喜歡寵物，老闆歡迎客人帶狗狗進入，也貼心的推出狗狗特餐，以無鹽炒雞蛋、輕炒時蔬與牛奶招待嬌客。

INFO

/ 地址：宜蘭縣礁溪鄉大忠村奇峰街 4 號
/ 電話：(03) 987-1015
/ 時間：11:00 ～ 20:00，週二休
/ 價格：每人最低消費 80 元，羅勒松子義大利麵 220 元、裸麥蜂蜜貝果 110 元、親狗狗套餐 90 元、單品咖啡 140 元起
/ 網站：www.facebook.com/LittleByLttle

天ㄟ咖啡

梅花湖畔旁的美景咖啡館

下雨的梅花湖跟晴天的梅花湖有不同的面貌，
前者溫柔婉約，後者活潑熱情，就像2種性格的少女一樣引人注目，
這樣的感受只有坐在天ㄟ咖啡的室內或戶外咖啡座才可體驗到。

幾乎360度無死角的欣賞梅花湖畔的綠意，讓天ㄟ咖啡每到假日就高朋滿座，這裡開幕才過一年，就已經是知名風景點梅花湖畔的熱門咖啡館。天ㄟ咖啡名字聽起來特殊，據說是取自設計師的名字，設計師張一平是老闆趙志星的好朋友，原本是桃園人的趙志星對梅花湖周邊的風光一見鍾情，也興起了在這裡打造一間美景咖啡館的想法。

推 好書配美景

咖啡館室內牆面以白色油漆抹痕展現樸質風，少少
的幾根柱子也被做為書架使用，這裡的書籍可讓客
人隨意閱讀，除了旅遊書籍以外，也有不少輕小說
以及設計書目，如果有時間在此停留，拿一本書慢
慢欣賞是最棒的享受。

天ㄟ咖啡格局方正，由一間老平房改建，大片的玻璃落地窗把戶外的草
坪綠意全部納進咖啡館內，無論晴雨，都能盡情欣賞不同時刻的風情。
館內的設計風格走優閒的木質裝潢味道，木製的咖啡桌讓空間散發原始
的情調，最特別的是天花板的投射燈造型復古，有些是帶有腐鏽斑駁的
投射燈，有些是鑲嵌在粗獷管線上的燈泡，充滿個性。

這裡的餐飲以輕食為主，招牌是鬆餅，當中屬蜂蜜水果鬆餅最受歡迎，
蜂蜜味道特別香濃。飲料除了咖啡以外，有幾款頗受歡迎，礁溪特有的
溫泉番茄果汁常常完售，夏季熱門的芒果冰沙也是不可錯過的選項。

INFO

/ 地址：宜蘭縣冬山鄉大埤二路 75 巷 26 號
/ 電話：(03) 961-5605
/ 時間：平日 10:00 ～ 19:00，週六、日 09:00 ～ 19:00，週二休
/ 價格：咖啡 100 元起，溫泉番茄汁 140 元，蜂蜜水果鬆餅 180 元，
　　　　法式可頌麵包、三杯雞米漢堡 180 元
/ 網站：www.tan-a.com

CHAPTER 5
風格住宿

住宿，是旅行中的小確幸

鄉村童話、懷舊老物、豐盛朝食⋯

風格各異，今晚你想住哪一間

合盛66
住在田中央與時空交錯

如果你喜歡住在田中央的感覺,你喜歡只聽音樂沒有電視的度假生活,
喜歡與朋友窩在閱讀區享受寧靜的書籍時光,喜歡擠在一張大木桌旁,
喝酒、聊天、吃宜蘭美食,合盛66無疑是最佳選擇。

春夏交替的時候，稻田裡滿蓄的水，會將合盛66的模樣倒映在水中，一上一下，好似魔幻仙境，黑瓦、白牆，加上屋前的幾棵落羽松，猛一看，會以為是國外小鎮的哪一戶私人宅邸，裡頭上演著三代同堂、天倫歡樂，站在合盛66前這樣看著，那種寧靜氛圍，很容易就能產生這樣的畫面。

只不過，合盛66不在國外，是一棟離礁溪鬧區大概5分鐘車程的地方，這是女主人律瑩和老公信佑一起經營的民宿，3年多來，成為新舊客人認識宜蘭的起點，也是愛上宜蘭的據點。

✿ 稻田景致四季變換，每日限定一組房客

民宿周邊視野很好，前後左右都是稻田，春季的綠苗、秋季金黃，就是合盛66最美的風景畫布。穿過大門抵達屋前有一區長方形的庭院，落羽松很自然的繞在圍牆四周，樹下有2張木椅，黃昏時分就著屋內的光線投射，感覺很溫馨。

從外觀看，房子是長方型格局，但入內一看，卻沒有任何侷促感，餐廳
有一張長形木桌，厚實的桌面與桌角用的是台灣原生檜木，是信佑花費
不少功夫完工的成品，完美到許多客人都央求他代為製作。大客廳裡
有 2 把改裝過的舊沙發椅是律瑩的最愛，邊聊天邊感受木手把的觸感，
那種滿足，愛舊物的人都很熟悉。信佑喜愛大海的性格也可以在屋內看
到，一個 70 ～ 80 年歷史的舊羅盤，一堆海上捕魚的集魚燈，還有信號
燈以及船掌舵，都是這位大海男兒與海洋親近的證明。

物 開啟旅行回憶的鑰匙圈

就像是開啟潘朵拉的寶盒一般，合盛 66 的鑰匙圈是一
把鐵製的鑰匙，這也是律瑩在舊貨市場搜括到的老物，
帶點歷史，帶點故事，或許曾經開啟過某一扇古老的
莊園，某一間貴族的居所，雖然開不了合盛 66 的門，
但是，可以開啟旅行的回憶。

圖片提供：江明麗

屋子是兩層樓格局，共有一間套房、3 間雅房，因為要當作未來的家族
居所，所以並沒有刻意打造套房，因為若是太方便，反而失去走出房門
聊天的機會。合盛 66 一天只招待一組客人，最多可住 12 位。如果你喜
歡住在田中央的感覺，你喜歡只聽音樂沒有電視的度假生活，喜歡與朋
友窩在閱讀區享受寧靜的書籍時光，合盛 66 是最佳選擇。

INFO

/ 地址：宜蘭縣頭城鎮三和路 616 巷 105 弄 8 號
/ 電話：0913-833-433
/ 價格：週日至週四 2 人 3500 元，週五及例假日前
　　　　夕 4 人以上 5500 元，週六及例假日限 6 人
　　　　以上 9000 元，每加一人加 1000 元，至多
　　　　12 人，均含早餐
/ 時間：進房 17:00 後，退房 12:00 前，洽詢時間
　　　　10:00 ～ 23:00

合盛 36
蘊藏復古味的街角白屋

造型復古的吊燈、設計獨特的花地磚、中藥行磨藥的長凳……
光陰總是透過陳年的物件來提醒時間流逝的珍貴,
而住在這裡,除了解壓放鬆,也能讓人懂得珍惜當下。

對 老古董、老房子情有獨鍾，是律瑩跟信佑生命裡最美好的習慣，所以他們穿梭在台灣各個舊貨市場或賣店，蒐集上了年紀的古董，包括斑駁的門窗、老邁的桌椅，然後找個空間存放他們的寶貝，合盛 66 民宿是一處，合盛 36 民宿是一處。

位在礁溪信義路上的合盛 36，2012 年 3 月才開始營業，住房率也不低。這裡是由一間 40 年歷史的老厝改裝而成，裝潢設計大部分都是信佑跟朋友勞動後的結果，原本雜草叢生，宛若廢棄屋的建築在他們的巧手下煥然一新，樓高三層的長形屋子只設計 2 個房間，如同合盛 66 的規矩，這裡一樣僅供包棟，不管是 2 個人還是 8 個人，都可以自在的享受大約百來坪的空間。

✿ 保留老屋原始味道，創造民宿心靈溫度

喜歡老房子，所以在改造的同時，他們也會保留老房子最初的面貌，譬如合盛 36 一樓特別的復古地磚，那種 30、40 年代才有的裝潢，有別於常見的洗石子地板，帶點低調的奢華。因為位在溫泉區，合盛 36 也在一樓後方設計了大浴池，浴廁空間幾乎跟客廳一樣大，除了泡湯的浴池，周遭還能看到幾個頗具心思設計的裝飾，譬如用鐵錨做的掛樑、用馬賽克磚砌成的洗臉池，有趣的是平整的水泥牆面特別挖空一處保留磚牆，這是主人的用心，想讓大家了解這用紅磚砌成的骨幹。

推 讀冊好採光

一進入民宿就能發現右側一大片的透明玻璃窗景，這裡原本是一堵牆，為了良好的採光，律瑩跟信佑情商房東給予更改的想法，將水泥牆變成可欣賞外面街景的美麗窗框。這裡被賦予閱讀的功能，所以有很多書籍可盡情翻閱，累積一段靜好時光。

二、三樓各為一個大房，二樓是雙人床，附帶一處起居廳，這裡也有主
人特別蒐羅的復古桌椅，起居廳與房間的木拉門門把是一根扁擔，很有
復古的味道。三樓是 4 人房，中間連結的是木梯，隔開的木門是信佑以
舊衣櫃改造而成，中間鑲嵌的是一扇古老的門窗。三樓的陽台能清楚觀
察街景，陽台上放置的 2 把椅子也很有歷史，如果不介意給過往的行人
瞧瞧，拿杯茶、看本書，是度過陽台時光最好的選擇。

INFO

/ 地址:宜蘭縣礁溪鄉信義路 71 號
/ 電話:0913-833-433
/ 價格:週日至週五雙人包棟 3500 元，週六限 5
　　　人以上包棟 7000 元，以上每加 1 人加
　　　1000 元，至多 8 人，均含早餐
/ 時間:進房 15:00 後，退房 11:00 前，訂房時
　　　間 10:00 ～ 23:00

大漁日和湯宿

季節海鮮配礁溪好湯

泡湯，有時候不需要太過華麗或寬敞的浴池，

只要一窗好景，一室氤氳，便可以讓人滿足，

大漁日和就是有這樣的魅力，讓投宿於此的客人永生難忘。

沒 有獨棟區建築的局外，大漁日和湯宿開設在礁溪鄉奇立丹一整個
連棟的住宅區中，因位處在礁溪有名的塭底溼地附近，民宿周邊
環繞的不是林立的水泥建築，而是一大片有著冬候鳥過境的千頃良田。
民宿主人游文志是在地的宜蘭人，他與妻子小珊在幾年前回到家鄉，開
始了經營民宿的夢想，因為喜歡日本和風的安逸與寧靜味道，民宿的規
畫也走這樣的基調。

迷人湯宿，賞良田觀候鳥

一開始打出名號，是夫妻倆人的第一棟民宿別館——大漁部屋，簡單
的透天厝因為巧思成為散發和風的度假空間，3 間客室都有舒適的泡湯
池，為每一組客人提供礁溪的優質好湯，大漁日和是 2012 年打造的二
館，由三連棟透天厝打通設計，面積更寬敞，景觀更迷人，原來的大漁
部屋則轉為包棟客人的選擇。

大漁日和依舊承襲大漁部屋的質感規畫，從進門處的玄關到主人料理的吧台，乃至於懸掛著鐵壺的大型原木桌，都令人有如置身日本的居家氛圍之中。大漁日和有6間客室，沐風、迎風、雲舞、雲遊、稻荷、千福各有風情，最大的共同點是有一個舒適的檜木泡湯池，主人對於原木材的運用非常大方，幾乎9成以上都是木質設計，彷彿置身林間一般輕爽自在。

⬡ 海鮮美味上桌，口齒留香

鮮味料理是大漁日和之所以讓住客們念念不忘的最大特色，游文志學的是海洋專業，曾在石梯坪待過一陣子，跟著船家出海遊歷，也豐實了他的魚鮮知識，料理手藝或許比不上星級大廚，但因為對漁獲食材的堅持與了解，民宿的朝夕食美味度可讓人豎起大拇指稱讚。

住客們定能品嘗在地的宜蘭早餐，一盤一夜干，一份三星蔥烘蛋，還有溫泉蔬菜與手作醬菜，滿滿的幸福味，但主人製作的晚餐需預定，隨季節不斷變化的鮮魚蝦蟹，讓老客人趨之若鶩，一尾乾煎赤 ，一鍋加了刺蔥的魚湯，還有秋季肥美的蝦蟹，都是這裡不可錯過的美好與回憶。

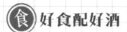
好食配好酒

好食要與好酒搭配，在大漁日和不僅有節令鮮味，主人家總會為客人準備上好的日本清酒，不管是清冽的大吟釀，還是溫潤可口的燒酒，夏日可對月高歌，冬日能暖脾護胃，如果能與好友談天對酌，人生快意夫復何求。

INFO

/ 地址:宜蘭縣礁溪鄉奇立丹路 195 巷 29 號
/ 電話:(03) 988-1717
/ 價格:一泊一食 2 人一室每人定價 4000 元起、4 人一室每人定價 3800 元起，
　　　一泊二食 2 人一室每人定價 5500 元起、4 人一室每人定價 5000 元起（以
　　　上價格平日 6 折，週六日 8 折）
/ 時間:09:00 ～ 21:00（住房預訂）
/ 網站:www.taiori.com

喜拉朵鄉村民宿
美味早點與歐洲南洋風居所

或許是透天厝的設計，讓喜拉朵民宿特別有家的感覺，
因為價格便宜，很多客人喜歡包棟，親朋好友歡聚，家族共同旅行，
在這裡就是凝聚歡樂的天地。

即便不是在冬山河流過的溪畔，或是溫泉汨汨的礁溪，喜拉朵民宿一樣擁有絕佳的地理位置。壯圍臨海，但喜拉朵民宿卻是一棟矗立在阡陌良田之中的小意外，因為是連棟建築，民宿有一整排的鄰居比肩，新建築完成不久，正等待更多的朋友進駐。

民宿是連棟建築的邊間，三層樓的設計讓套房間數不多，建築前後沒有遮蔽物，所以不管在哪個角度，都能欣賞四季從翠綠秧苗到稻穗翻浪的美景。老闆益村是礁溪熱門早餐店「喜拉朵美式早餐咖啡」的主人，可想而知民宿的早餐會有多麼可口與豐盛。益村與宜蘭自然風民宿的主人是兄弟，所以從開始規畫乃至於設計、裝潢等，益村諮詢了哥哥不少經驗談。

⬡ 讓人沉醉的歐式鄉村風情

民宿只有 3 間房，因為喜歡歐洲與南洋的味道，所以房間的設計也偏向這種風格。老英格蘭位在三樓，不僅擁有獨立的樓層，也有偌大的起居空間，甚至還包括了可遠望周遭景致的大陽台，起居室有一套藤編沙發，這是益村上網撈到的寶貝，沙發的原主人要出國，上網二手拍賣，基於緣分，益村以原價的 1／4 得標，擁有了這套沙發，可說是幸運的開始；希臘地中海與南洋峇里風位在二樓，前者適合小家庭與三代同堂入住，後者則適合情侶與夫妻。

宿 心曠神怡的三樓陽台

整棟透天厝裡，特別推薦三樓的景觀陽台，可惜的是這方天地只專屬老英格蘭房的客人，所以，房價也最高。陽台有做一些造景，白色小卵石、綠色盆栽，還有一個大大的遮陽傘，旁邊的 2 張長椅彷彿是讓人賞景、靜心閱讀的寶座，歡迎蒞臨。

早餐絕對是民宿讓人流連忘返的主角之一，益村是當然的大廚，他會依照季節更換菜色，但基本的沙拉、鮮果以及麵包都不變。沙拉的最佳佐料是醬汁，而調醬汁是益村的專長，一份沙拉就有 3 種拌醬——優格、凱撒、油醋，隨君選擇。主食會有法式手工香腸還有主廚麵包，麵包是特別請飯店大廚製作，口感一等一，有機會請別忘了品嚐。

INFO

/ 地址：宜蘭縣壯圍鄉縣民大道一段 73 號
/ 電話：0932-366-435
/ 價格：老英格蘭 2800 ～ 3500 元
　　　　希臘地中海 2400 ～ 2800 元
　　　　南洋峇里風 4200 ～ 5200 元，包棟平
　　　　日 9000 元、假日 12000 元（至多 9 人）
/ 網站：www.facebook.com/cerradobnb

小時光
重現京都的靜與美

看到客廳的長木桌，會讓人忍不住到此久坐，斜靠在知名的Y字椅上，
不管是發呆、聊天還是用餐，都很適合。
小時光擁有4間房，可入住4組客人，也歡迎大夥包棟，
重要的是，在這裡可以累積旅行的無價回憶。

屬於小時光的自在與寧靜，從看到那有著濃濃和風的小巧庭園就已經開始，隨意鋪陳的小圓石，2排矮綠竹，還有大門前的2片布簾，如果不是門牌地址標明著宜蘭羅東的位置，會以為自己到了京都的哪一個度假民居內。

京都印象融入設計

京都,是小時光 2 位女主人焦焦與卡蘿很愛的一個地方,她們酷愛旅行,更偏好日本那一種低調又富內涵的味道,因此在一次的京都長旅後,兩人開了小時光民宿,所有的設計風格就是純粹的日風,簡單中帶有濃厚的個性底蘊。

民宿是連棟透天厝裡的其中一棟,建築物外觀雖不突出,但在主人的巧思下,三層樓的空間被裝潢的很有特色,所以一直以來住房率都很高。一樓是廚房與客廳,因為挑高格局讓空間非常寬敞,一張大木桌在客廳擺正,由上而下懸掛的是特製的集魚燈,這是合盛 66 民宿主人信佑的禮物,代表 2 家民宿主人的好交情。

✿ 很「村上春樹」的客房設計

二、三樓是客房，不過主人特別在一樓半的位置設計了一處閱讀區，以木板書架與客廳隔開，穿透的視角讓空間不顯侷促又保有一點小隱私。小時光的客房名字取得很文藝，遠方、大鼓聲、焦焦、卡蘿，十分的村上春樹，因為特愛村上春樹《遠方的大鼓聲》裡的內容，所以客房名便以此為藍本。

遠方與大鼓聲空間較寬敞，有陽台可以欣賞附近的農田景致，榻榻米與矮床的設計格局有日本和洋客房的格調，一樣的簡潔與清爽。因為注重細節，房門是日本常見的細木條設計拉門，焦焦強調，日本的木條間距規格就是符合 2 乘 2 尺寸，在這裡她們也這樣要求師傅原寸打造，看到成品就會了解這樣的要求是必須的。

小時光提供的早餐是羅東知名的在地小吃，有時是張秀雄米苔目，搭配廖記肉羹的肉捲及阿公一串心香腸。冰箱裡隨時都有宜農的羊奶可以嘗鮮，有機會還能吃到羅東人的私房炭燒烤餅，為當日的住宿開啟美味的旅行。

物 民宿擺飾是旅行的軌跡

民宿裡有不少焦焦與卡蘿旅行時蒐羅回來的好物，這個放在客廳的舊櫥櫃，是卡蘿在日本某一趟旅行的戰利品，從製作的工法與木材本身的質感，可以感覺這套櫥櫃的歷史性，透過沉穩的色調與一絲斑駁，低語時光走過的軌跡。

INFO

/ 地址：宜蘭縣羅東鎮新群南路 191 巷 5 號
/ 電話：0923-566-316
/ 價格：遠方 2 人房 3200 ～ 3600 元，大鼓聲 2 人房 3200 ～ 3600 元（至多 4 人，加一人多 700 元），焦焦、卡蘿雙人房 2400 ～ 2800 元，10 人包棟 12600 ～ 14200 元，未滿 10 人，每位減價 700 元，含早餐
/ 時間：進房 16:30 後，退房 12:00 前，訂房洽詢 15:00 ～ 23:00
/ 網站：mygoodtime2011.pixnet.net/blog

圖片提供：逢春園

逢春園
一住再住的幸福旅宿

住過逢春園，會再去第二、第三遍，原因不是有多奢華的寢具或裝潢，
而是那一份很純粹、讓人沒有壓力的宜蘭人情味，
從主人到員工，會讓你有回到家的感覺。

在台灣的民宿風潮還未興起時，逢春園就已經是宜蘭很受歡迎的歐風民宿，在民宿圈裡可說是始祖等級，這裡原本要做為家族聚會的場地，所以在規畫之初就是以住的舒適自在為藍本，5千坪的園區除了房間與餐廳，其他就是偌大的綠地草坪，後方還有小小菜園，猛一看真以為是歐洲哪一門貴族的度假別館。

主人林繁昌與許麗華夫婦是民宿的靈魂，林大哥親切但含蓄，許姐熱情好客，不管是不是新舊客人，她那沒有距離的接待態度讓人好像回到家一樣自在，這樣的感覺就如同他們在官網上所說的：「這裡不是驛站，是您心靈的憩所，這裡沒有過客，因為我們是朋友。」

之所以取名逢春園，是因為林家阿公字號逢春，加上以前曾經在蘇澳經營過逢春商號，便取了這個有意義且代表懷念的名稱。民宿裝潢設計有點像德國的木構建築，房屋外牆可以看到木橫樑，逢春園雖然沒有刻意模仿，但外觀上還是可以感受濃濃的歐式風情。

❀ 讓人沉醉的歐式鄉村風情

房間的設計以寬敞為主，10間套房全部面向綠色庭園，偶爾能看到從山區飄來的雲霧。雖然經營了十多年，房間在幾年前經翻修後依然如新，並多了攝影與花藝主題房，這是與攝影專家與花藝設計師換宿的合作方案，既達到妝點房間特色的目地，也讓專業人士能享受逢春園的住宿時光。

圖片提供：逢春園

美食一向是許姐在經營民宿上要求的重點，現在也為客人推出了晚間的無菜單料理，晚餐強調「五輕料理」，輕油、輕糖、輕鹽、輕調味以及輕聲細語，不管是前菜、主食或是甜點，每一道食材都經過挑選，烤鯖魚、蜜汁豬腱子是可口的主食，再來上 2 大碗的麻油拌飯也不可錯過。早餐內容更讓人驚豔，養生地瓜與季節水果，現打的米豆漿，還有以綠葉包裹裝盛的小飯糰，既賞心悅目也滿足了味蕾。

🍴 無菜單特色夕食

如果有機會入住逢春園，一定要品嘗這裡的晚餐，不僅僅是因為他們對菜色的要求，就連擺盤也很創新。屏除一般常見的杯杯盤盤，這裡的餐盤是質樸的木盤子，幾乎每一道料理都是用清洗處理過的樹葉裝盛，令人食指大動。

INFO

/ 地址：宜蘭縣大同鄉松羅村玉蘭 20 號
/ 電話：(03) 980-1942
/ 價格：雙人房週日至週五 2900 元，週六 3600 元，春節 4200 元；4 人房 4600 元、
　　　　5500 元、6000 元；以上含早餐、下午茶，加床每人 900 元。晚餐需另外
　　　　訂購，每人 600 元
/ 時間：進房 15:00 後，退房 11:00 前
/ 網站：www.fengchunvilla.com.tw

飛鳥小屋 B&B
安農溪畔的白色童話小屋

曾經是偶像劇拍攝場景，飛鳥小屋一直以來都很低調，不張揚卻很親切，
就如同男女主人臉上總帶著淡淡的微笑，對於客人也如同親友一般，
呈現在接待服務上、在料理早餐之間，是宜蘭很受歡迎的民宿。

飛鳥小屋——聽到這個名字,很自然的就會想到童話故事裡,有著
一間綠藤攀附、大樹昂立一旁的煙囪小屋,偶而會見幾隻棲息在
樹梢的鳥兒,伴著啾啾鳴叫,吟唱自然與快樂,而在宜蘭三星鄉安農溪
畔的這間飛鳥小屋,除了沒有煙囪,其餘都跟這樣的畫面如出一轍。

飛鳥小屋從外觀就很低調，即便經營多年，在遊客間已有很好的口碑，但有時連宜蘭其他民宿業者都不太熟悉他們。民宿主人陳士鉅與林麗瓊是一對夫妻，帶著可愛的小孩與寵物在此定居，只要跟他們接觸過的客人，都會感受到兩人身上那股讓人安心的氣質，就像春天吹過青草園裡的風，帶著自在與安詳。

◈ 簡約北歐風格的客房設計

陳士鉅對土木設計有研究，所以小屋要呈現的樣貌就在他腦袋裡有了藍圖，白牆、斜黑瓦、木拱門與旋轉梯，這樣點滴的概念成就了讓人驚豔的建築。這裡房間只有 2 間，規畫在與主人居所的右側，正面看是 L 型的長邊，有獨立進出的門。一、二樓有一段迴旋梯可互通，如果包棟，上下樓親友可以直接往來，當然也設計了閤門，不同組的住客也有獨立出入的房門。

與居所相配的優雅插畫

民宿裡除了處處可見男主人手作的木桌、木椅，最多的就是一幅幅裱框的插畫，有些是女主人的作品，有些則是朋友作畫，這些優雅的圖案讓空間流洩一種很純粹的田園味，如同屋外的花草樹木，予人清香。

因為喜歡木工設計，民宿所有的木製材都出自陳士鉅之手，房間裡幾張厚實的大床都是由他釘製，深咖啡的色調與簡約的空間感十分搭配。因為是自蓋建築，高於一般高度的天花板讓房間空間既寬敞又舒適，也難怪經營之初會受到偶像劇劇組的青睞——這裡曾經是熱門偶像劇《命中註定我愛你》女主角陳欣怡在薑母島的家。

早餐絕對是飛鳥小屋吸引住客的原因之一，善於插畫的女主人麗瓊，也是個烘焙與煮咖啡的好手，所以早餐一定都是手作，包括酥鬆可口的英式點心司康、偶爾會變換的起士蘑菇九層塔三明治、青醬軟法麵包或是焗烤蘑菇麵包等，搭配自家烘焙的單品咖啡，還有不時出現的甜蜜小驚喜，如檸檬起司蛋糕或香滑的布朗尼，都是早晨時光最美的期待。

INFO

/ 地址：宜蘭縣三星鄉安農北路一段 207 號
/ 電話：(03) 955-9869
/ 價格：一、二樓客房 2 人住宿 2800 元、4 人住宿收費 4000
　　　元，包棟 8000 元，每加一人收 900 元。含早餐
/ 時間：進房 14:30 後，退房 11:00 前
/ 網站：www.flyingbirdhouse.com

湖畔之森
在檜木林中森呼吸

廣大，寬敞，是湖畔之森民宿3棟居所給人最主要的感覺，
沒有太多隔板的限制讓人可以一眼望盡，而處處可見的木地板，桌椅，
好似讓人踏進森林中一般自在與暢快。

坐在森民宿二樓大片玻璃窗景，看著戶外滿滿的綠意，及遠處的湖泊，總有種時光靜好的安逸自在。森，是湖畔之森民宿系列其中一棟，與新彩雲、森之茉莉一樣，都是主人鄒森均與鄒岱妮這對堂兄妹經營的住宿空間，經營至今已超過 4 年的時間，不過因為鄒森均目前的重心不在民宿經營，所以都交給岱妮管理。從民宿的設計與空間氛圍，都是由鄒森均打理，他四十多歲就從攝影師職位退休，但對於生命與生活中學習仍孜孜不倦，是個貨真價實的創作者

3 棟民宿就位在梅花湖周邊，只要 2 分鐘的路程，就能看到大片湖景，民宿位在一整個連棟的建築之間，各自獨立，也各擁風情。新彩雲與森都是包棟空間，至多可容納 6 ～ 8 人，森之茉莉則分為上下兩層單位，可以招待 2 組客人，也擁有各自獨立的出入口。

❀ 新彩雲民宿，流洩溫馨風格

新彩雲規畫成兩層樓格局，這是湖畔之森系列最新的民宿，是由岱妮與她先生一起設計、發想。如同這裡每戶獨門獨院的設計，新彩雲也有自己的小庭院，從一樓大廳的落地玻璃窗可全覽花園美景，木作是民宿空間內最大量的元素，餐桌椅、地板，處處流洩森林般的味道。

二樓是一間 4 人大房，主人希望住客能擁有寬敞自在的區域，在房間的規畫上很大氣的不但設計了一間大房，還多了一起居間，也可以做為加床加人的彈性住宿區。二樓的地板是用老櫸木條鋪墊，大小、厚薄與顏色不一，散發不規則的美感。讓人喜愛的角落是窗台邊特別訂製的長條木台，是以年代很久的木料打造，據說是某一間祖厝公廳屋頂的橫樑，非常具有歷史感，住客們總愛泡杯咖啡坐在這裡，望著窗外沿湖邊散步的人群，汲取屬於喧鬧中的寧靜。

✤ 森系列民宿，散發藝術與粗獷感

森民宿就在新彩雲的隔壁，這也是湖畔之森系列第一棟民宿，看著屋內大量的木作成品，能強烈感受到鄒森均的個人美學風格。森的格局與新彩雲相似，但藝術氛圍濃厚，或許是牆上一幅幅懸掛的畫作所導致，這裡也是主人提供給藝術創作者展覽的空間。

老物新生命

湖畔之森有不少主人收集的舊寶貝，這口木箱在台灣早期是做為衣物箱，斑駁的漆紋讓箱子擁有老時光的味道，現在放置在新彩雲二樓的起居廳，攤上布巾就是一個非常適合的木桌，或者也可當作閱讀時倚靠之用。

一樓的木面地板是老檜木地頭鋪成，像踩著時間的軌跡經過，而室內最顯眼的是角落一張可容納 20 人落座的大長木桌與長木椅，住客可在此吃早餐、品咖啡與聊天，或者，也可以什麼都不做，靜靜的貼靠在牆壁，感受木桌椅溫潤的質感，看著落地窗外的景色，冥想而安詳。房間位在二樓，主人隔開了 2 間房間，都是和式風格，但最吸引人的還是窗台的風光，能遠眺碧綠的湖面。

相較於前兩者的獨特性，森之茉莉民宿是偏向女性柔和感與現代感，不管是浴廁或寢具，都能看出簡約與家居的味道，也因為 2 間房間是獨立分開，森之茉莉受到不少情侶的歡迎。森之湖畔的早餐在住客間很受推崇，手作的核桃麵包，搭配自製的季節果醬，還有豐富的鮮菜沙拉與蔬果，為美好的一天儲備更多能量，讓旅人們繼續邁向下段旅途。

INFO

/ 地址：宜蘭縣冬山鄉大埤二路 75 巷 29 號
/ 電話：0936-639-050
/ 價格：新彩雲 2 人 2800 ～ 3800 元，4 人 4400 ～ 5400 元
　　　　森之茉莉 2 人 2500 ～ 3500 元，4 人 4100 ～ 5100 元
　　　　森 2 人 3500 ～ 4500 元，4 人 5000 ～ 6500 元，8 人 9000 ～ 10500 元
/ 時間：進房 16:00 後，退房 11:00 前
/ 網站：dainie.blogspot.tw

圖片提供：楊志雄

CHAPTER 6
玩童趣

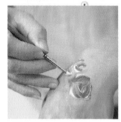

無論是親子踏青，還是好友相約

可愛小動物與手作 DIY 是旅遊必備元素

讓人玩得開心，玩出趣味童心

橘之鄉蜜餞觀光工廠

堅持天然，蜜餞的甜蜜滋味

橘之鄉和一般的觀光工廠不同，淡雅的歐風建築、

很有氣氛的咖啡館、甜蜜的水果味，這裡都找得到。

將這甜蜜放入口中，那天然的撲鼻香氣，不自覺的為它一再流連。

金棗蜜餞是宜蘭的熱門伴手禮之一，要買金棗蜜餞，就會讓人立刻想到橘之鄉。橘之鄉蜜餞觀光工廠是台灣第一家蜜餞觀光工廠，也是第一家獲得 CAS 認證的蜜餞類工廠。金棗具有潤喉、生津解渴、養顏美容、延年益壽……等功效，不單是製作蜜餞的最佳原料，也是潤肺養生的天然藥。

早期醫藥不發達的年代，通曉中醫的林陳阿鳳阿嬤就常常熬煮金棗膏給村裡的人潤喉順氣。那時宜蘭人還未將金棗製作成蜜餞，經常任其落地，讓阿嬤非常心疼。阿嬤認為，這樣深具保養療效的水果，如果能洽當的加工運用，一定能讓更多人受惠，於是，第一代老闆林枝漫承續阿嬤愛惜金棗、善用金棗的精神，創立了橘之鄉蜜餞工廠。

尚好的天然，用誠意做蜜餞

橘之鄉蜜餞工廠成立三十多個年頭，2010 年蛻變成西式歐風建築，讓來訪的遊客驚豔不已，顛覆一般人對工廠冷冰冰、枯燥乏味的刻板印象。觀光工廠分為蜜餞工廠、吉箱工坊與橘之鄉形象館三大區域。

蜜餞工廠參觀迴廊開放了糖漬、乾燥跟包裝的步驟，讓遊客可實際了解蜜餞的現代化製程，親眼看到吃進去的食物是如何製造的；就像林陳阿鳳說的：「做吃的東西，一定要做自己敢吃的。」橘之鄉抱持此信念，多年來只生產不加糖精、香料、防腐劑、人工色素的產品，忠實呈現金棗蜜餞的自然果香。

參觀完工廠後，來到吉箱工坊，映入眼前的是一棵非常高大的魔法金棗樹，搭配一旁巨大的桌子、椅子讓人彷彿走進了金棗的童話世界，並把蜜餞的知識以可愛的圖片、透明精緻的蜜餞罐、糖罐等傳達，極具巧思。工坊旁的 AGRIOZ 咖啡館也提供遊客另一個休憩環境。一整片大片玻璃窗，不管是晴天或是雨天，都讓人不自覺想放慢腳步，點上一杯咖啡或是解渴的金棗茶，搭配慢火細焙的手工餅乾，真是人生一大享受。

 天然蜜餞 DIY

橘之鄉也有推出蜜餞 DIY 的活動，遊客也可以在此親手製作蜜餞，利用簡單工具搭配糖、金棗或李子，就可以做出一罐屬於自己的手作蜜餞。無論大人小孩都做得不亦樂乎。

若想買點伴手禮，橘之鄉形象館可以滿足你的需求，一進門工作人員馬上熱情的遞上免費的生津金棗茶，遊客可以一邊飲用，一邊挑選蜜餞。商品展場的布置就像熱鬧的市集，商品種類繁多，不管是逢年過節送禮的禮盒或是要自己享用的零嘴，都可一次購足。

INFO

/ 地址：宜蘭縣宜蘭市梅洲二路 33 號
/ 電話：(03) 928-5758
/ 時間：08:30 ～ 18:00
/ 價格：免費參觀，金棗蜜餞 DIY 活動 150 元／人。
　　　（15 人以上團體需事先預約報名，15 人以
　　　下採現場報名即可）
/ 網站：www.agrioz.com.tw

亞典蛋糕密碼館

五心級的年輪蛋糕

撲鼻而來的濃郁香氣及豐富層次的口感，令人難以忘懷。

來一趟亞典蛋糕密碼館，品嘗幸福的好滋味，

了解這綿密的口感是經歷多少難關才能堆疊出的。

亞典蛋糕創辦人賴文典小時候家裡難得會有蛋糕，兄弟姊妹常常為了搶蛋糕而爭吵，因為媽媽的一句話「那麼愛吃，以後不會自己做」，立定了賴文典想做蛋糕的志向。「用心烘培的蛋糕，讓消費者可以安心食用，能放心送進關心的人口中贏得親友歡心」是亞典蛋糕密碼館的「五心級」烘培原則。

走進亞典蛋糕密碼館的文化導覽簡報區，可看到賴文典為了圓自己的蛋糕夢，一路走來的奮鬥故事。賴文典從蛋糕學徒做起，經過幾年的歷練後，頂下三重一間麵包工廠——益欣食品。起初生意不如預期，有時麵粉都放到發霉，麵包還賣不掉，但他還是很努力的經營。後來，他做的漢堡和吐司產品，終於受到連鎖早餐店老闆的青睞，生意也愈做愈大。

之後，賴文典決定投入自動化生產設備，讓產品大量生產，並達到標準化，減少人力成本的支出，以更便宜的價格賣給廠商。業績穩定後，才正式跨足蛋糕生意，做起蜂蜜蛋糕。哪裡有生意，他就跑去哪，甚至曾有 3 個月就換了 3 次機車疊煞的紀錄，從小規模的蛋糕小廠努力至今，已成為年產 300 萬條蛋糕的烘焙界領導者。

五星級的平價蛋糕

遊客可在蛋糕密碼介紹區認識製作蛋糕的原料、工具、蛋糕裝飾的學問，以及許多蛋糕的由來和小故事；在蛋糕烘焙展示區可見到年輪蛋糕繁瑣的製作過程，為了保持蛋糕品質的穩定度，亞典蛋糕非常重視自動

化設備上的投資，讓蛋糕品質從第一條到第五千條都能保持最佳狀態。所有蛋糕都在最衛生的無塵室生產，且採用先進的真空充氮包裝機及科技無氧包裝，不但衛生乾淨，更能保有蛋糕的新鮮、香味。

在原料的使用上，堅持選用高級且不添加防腐劑的原料，並秉持著平價也能奢華的原則，讓消費者買到省錢的產品、五星級的享受；歐式風格的蛋糕饗宴區，提供消費者蛋糕免費試吃以及研磨咖啡招待，來到這裡不妨放慢腳步，用心品味美味蛋糕。逛完蛋糕饗宴區，遊客也可以到販賣區選購商品，把這份幸福的感動帶回去分享給親友。

INFO

/ 地址 宜蘭縣宜蘭市梅洲二路 122 號
/ 電話 (03) 928-6777
/ 時間 09:00 ～ 18:00
/ 價格 免費參觀，手工餅乾 DIY 活動 150 元／人（僅接受 20 人以上的團體報名，不接受小學以下的小朋友參加，限週一～週五）
/ 網站 www.rden.com.tw

波的農場
台灣種類最多的食蟲植物園

自然界的弱肉強食不一定是體積大或力量高才有辦法存活，
這樣的原則在食蟲植物界裡完全被推翻，在波的農場，小小捕蠅草或毛氈苔，
就靠著上天賦予的本能在宇宙間占有一席之地。

自從甩開教科書，對於豬籠草或食蟲草這種大自然界的奇妙植物就沒放在心上了，它們就只是記憶中課本的其中一頁，直到走過一次波的農場，才知道這種讓昆蟲大軍害怕的食蟲植物，是多麼有趣及可愛的生態奇景。

本篇圖片提供：江明麗

波的農場是主人程清波花許多精力打造的天
地，因對食蟲植物的喜愛而開始鑽研，在雪山
山腳下，構築了這塊超過 10 萬株食蟲植物的
雨林生態美地。農場約莫 2 個籃球場，除食蟲
植物外，還有熱帶林區常見的蕨類與花草，穿
過綠意棚架，會以為到了熱帶南方，下一秒似
乎就能見到猿猴跳躍或群鳥齊飛的景象。

在主人的介紹下，才明白豬籠草也有寬葉、翼
狀以及白環的區隔。如果說豬籠草是農場裡搖
曳的小精靈，那安穩躺在地上盆栽中的捕蠅草
與毛氈苔就是晶亮的小可愛，捕蠅草有如雙掌
開合的葉片連接著刺毛，有著維納斯的睫毛的
暱稱，以天生的觸感評斷獵物是否上鉤，再決
定是否以消化液分解蟲體，同樣的毛氈苔也因
葉片邊緣所附的黏液腺毛而發揮捕獵的功效，
這些都是農場裡值得深入了解的寶藏。

相對於一般的休閒農場，波的農場需要專業的
導覽，必須事先預約，平日是學校的戶外教學
熱門地點，假日則是親子體會優閒自在的空
間，農場規畫了 2 ～ 4 小時的體驗，讓每一個
人都能了解食蟲植物的美妙境界。

INFO

/ 地址：宜蘭縣員山鄉枕山路 149-41 號
/ 電話：(03) 923-2209
/ 時間：09:00 ～ 18:00（建議預約）
/ 價格：食蟲植物探索導覽每人 250 元
/ 網站：www.pos-bieipo.com

勝洋休閒農場
千姿百態水草王國

自己親手做一個水草圓形生態球的感覺十分特別，
不同於只是在水族箱外觀賞，透過觸感去認識平日甚少接觸的水草，
了解水草的柔軟與水中飄逸的自在，這只有在勝洋才有機會體驗。

生態圈總有許多讓人驚喜的美麗事物，水草就是其中一種，但在生活中總是被做為配角的水草，在勝洋休閒農場主人徐志雄的眼裡，卻有如惡田變黃金般珍貴。

原本以養殖鰻魚為主的池塘，在改做水草培育後，成為台灣最大的水草產品輸出供應，勝洋的水草甚至在新加坡、馬來西亞都小有名氣，但從一開始的獨大到水草養殖的遍地開花，又讓老闆動了轉型的念頭，於是決定在農場注入休閒觀光的概念，讓普通的遊客也能認識水草的美麗世界。

農場總共規畫為水草文化館、水草餐廳、戶外園區等幾處空間，水草文化館是一間以清水模建築打造的博物館，因為造型現代，有不少 MV 及偶像劇場景到此借景拍攝。

◈ 水草瓶 DIY，親手打造水族小世界

如果對水草世界懵懵懂懂，進入水草文化館參觀實體陳列與圖文解說後，就能掌握水草王國的基本知識，包括水草的種類、生長形態與水生植物的奇妙，在這裡還能看到北海道阿寒湖特有的綠球藻，這種得生長千年才能到足球般大的生態產物，在水草文化館裡一樣看的到，不用特別搭機出國。

靜態的觀賞不如親手觸摸來的實在，勝洋設計了非常多的水草作品 DIY
活動，最受歡迎的就是生態瓶 DIY，不管是以豆奶瓶、星星瓶，都能打
造一個完美的水草世界。除了生態瓶，以 MOSS 水草、泥碳苔塑形做成
的水草圓形生態球也很歡迎，遊客先把泥碳苔塑形成球狀，外面再包覆
MOSS 水草，最後用尼龍線一層層圈緊固定形狀，就能做成很漂亮的生
態球盆栽。

 ## 水草 LED 燈

水草 LED 燈是勝洋很得意的一種發明，因
為 LED 燈的低熱度特色，讓水生植物即便
在高亮度下依舊可以正常的生長，而放入
各種水草的玻璃球形吊燈無需太多繁複的
設計，只要千姿百態的水草就能豐富多變，
難怪受到各大展場與餐廳的歡迎。

圖片提供：江明麗

如果還有興趣，紀念品店有非常多的水草盆栽以及小型水族箱可以購買，包括勝洋獨家專利研發的水草 LED 燈，現在可是各大餐廳非常搶手的創意商品。餐廳部分以水草料理為主，因為要準備食材，所以需事先訂位，小團體可以嘗試水草無菜單創作料理，不管是水草義麵堡、紫蘇莎拉或是以大葉田香製作的田香豬腳，都是必嘗的人氣美味。

INFO

/ 地址：宜蘭縣員山鄉尚德村八甲路 15-6 號
/ 電話：(03) 922- 2487
/ 時間：【休閒農場】09:00 ～ 17:00
　　　　【水草餐廳】11:30 ～ 20:30
/ 價格：門票 100 元，水草無菜單創作料理每人 550 元
　　　　水草生態瓶 DIY250 ～ 500 元
/ 網站：www.sy-water.com.tw

旺山休閒農場
超過 300 個品種的南瓜王國

印象中的南瓜，形狀應該是圓圓胖胖的，去了旺山休閒農場才知道，
原來南瓜家族千變萬化，不僅有傳統造型，還有長得像葫瓜的長條形，
甚至還能在南瓜皮上刻字，留下紀念的一筆。

本篇圖片提供：江明麗

旺山休閒農場位在盛產哈密瓜的宜蘭壯圍鄉，這裡土壤適合種植瓜類，所以也有不少專門栽培哈密瓜品種的農園，旺山以南瓜做主打，並且從單純的果園轉型為觀光農場，一直以來受到不少遊客的喜愛，旺季時節可以達到超過千人拜訪的遊客量。

農場主人林旺山是專業的瓜農，他在多年以前就引進世界各地的南瓜品種加以改良與栽培，現在農場裡有超過 300 個南瓜品種，包括國外萬聖節常用來製作南瓜燈的美國南瓜，還有台灣常見的東洋南瓜，以及觀賞南瓜與西洋南瓜等等，這些南瓜的常識都可以在園區內規畫的展示館內了解。

✿ 不可錯過南瓜披薩 DIY 及南瓜炸彈

為了讓遊客能對南瓜的特性與生長期有一定的了解，農場特別針對不同的瓜類品種設計了瓜棚隧道，當地雖然沒有綠林遮蔭，但也因為綠葉覆頂的瓜棚帶進些許涼意。除了南瓜以外，也有百香果、番茄、甚至蛇瓜等特殊品種，其中不乏大型的巨無霸南瓜展示，可見主人對於南瓜栽培的用心與興趣。

拜訪旺山休閒農場最不可錯過的體驗不是南瓜撲滿 DIY，也不是在南瓜馬車坐上一回過過灰姑娘的癮，而是品嘗不完的南瓜美食與飲品。在眾多的 DIY 活動當中，以南瓜披薩及南瓜炸彈人氣最高，幾乎每一組客人都會選擇體驗，南瓜披薩 DIY 是自行將園方準備好的麵粉和水做成麵團，再擀成披薩餅皮，放入南瓜泥、番茄醬、洋蔥、起司等佐料，最後進烤箱烘烤，親做的美味就完成了。

最讓人驚奇的莫過於南瓜炸彈，這是園方使用東昇南瓜做成的烤南瓜點心，一整顆南瓜經過 40 分鐘的高溫燒烤，原本鮮黃的外皮呈現焦黑，乍看就像一顆炸彈，但飄出的香氣可綿延 300 公尺，退去暗黑外皮的南瓜露出讓人垂涎欲滴的金黃色澤，難怪會是農場人氣 NO.1 的佳餚。除了南瓜炸彈外，農場內還有撒了孜然粉的新疆烤雞，南瓜咖啡、南瓜牛奶、南瓜冰沙等可口飲品也值得品嘗。

推 孩子最愛，南瓜 DIY

在這裡可以逛南瓜隧道，也能吃吃南瓜大餐，但對於小朋友來說，拿個素坯彩繪一個屬於自己獨一無二的南瓜擺飾最有紀念意義，萬聖節裡總是裂開大嘴的可愛南瓜造型，在小朋友的水彩裝飾下，也別有一番風味。

INFO

/ 地址：宜蘭縣壯圍鄉新南路 107-7 號
/ 電話：(03) 938-3918；0932-088-992；0937-279-776
/ 時間：2 ～ 9 月 09:00 ～ 18:00；10 ～ 1 月僅週六日開放（平日接受團體預約）；
　　　週四休
/ 價格：門票 60 元（30 元可抵消費），南瓜炸彈 300 元，南瓜披薩 400 元
/ 網站：wanshun.hiweb.tw

博士鴨觀光工廠
鴨子的知識教室

來到宜蘭街頭，四處可見販售鴨賞的名產店，在眾多商店中，
只有「博士鴨」鶴立雞群，不僅打出自己的品牌，更教導大家有關鴨的所
有知識，還可以親自 DIY 製作美味鴨食品，或彩繪鴨蛋激發創意。

宜蘭水質好，有鴨子故鄉之美名，鴨賞也成為來到宜蘭必買的伴手
禮之一。走在宜蘭街頭，大街小巷都在販賣宜蘭名產 ── 鴨賞。
博士鴨創辦人林政德早在 15 年前就非常重視品牌經營的重要性，所以
自創博士鴨品牌，與其他只掛上宜蘭名產沒有品牌名稱的鴨賞做區隔。

本篇圖片提供：楊志雄

在這裡，不管是鴨子的營養價值、鴨子的
種類、甚至是鴨子的羽毛運用都有深入的
介紹，展示區展示的羽絨被、羽絨衣，都是
鴨子的羽毛製成的加工製品。到二樓，是鴨
肉加工區，環境十分整潔，且是業界唯一獲
得 ISO 認證的鴨賞工廠，特有的真空按摩機
幫鴨子馬殺雞，所以鴨肉特別軟嫩，堅持不
添加化學物品、產品全程都在低溫環境下生
產，都是博士鴨產品的最大特點。

三樓的鴨知識形象區，模擬鴨場的養鴨環
境。早期沒有先進設備時，養鴨人靠著豐富
的經驗，運用人的體溫來判別鴨蛋的好壞，
配合溫度利用棉被來孵蛋，非常艱辛。現在
拜科技之賜，有發生機、孵化機，養鴨不再
那麼辛苦，產量也因此大增。三樓的另一區
是美食區和美食 DIY 區，有鹹鴨蛋、御飯糰
等課程可預約，館方還貼心的提供了快樂塗
鴨區，讓小朋友可以盡情的發揮創意塗鴉。
若是不過癮，還可以到一樓的彩繪DIY教室，
參加彩繪鴨、彩繪蛋的課程。最後離開時，
別忘了到商品展示中心挑選、試吃博士鴨豐
富多元的鴨肉產品。

INFO

/ 地址：宜蘭縣五結鄉福興村新五路 1-1 號
/ 電話：(03) 960-6051 ～ 2
/ 時間：08:30 ～ 18:30
/ 價格：門票 100 元／人（可抵全館消費）

玉兔鉛筆學校
四五年級生的共同回憶

堅持根留台灣的玉兔，陪伴著台灣的四五年級生走過大半歲月。

創辦人唐懋信、唐懋良、唐幽蘭三兄弟，選跳躍的兔子當作公司的意象，

是因為早期做鉛筆時辛苦搗石墨的艱苦模樣，很像玉兔搗藥故事中的兔子。

本篇圖片提供：楊志雄

玉兔文具成立於 1947 年，至今已六十餘年，早期是製造大頭針、迴紋針……等文具，1964 年開始生產鉛筆，推出時就定位為可以輕鬆擁有的文具，所以定價很便宜。當時，黃桿紅帽的鉛筆及之後推出的黃桿藍帽的原子筆，幾乎是人手一隻，也成為四五年級生在求學階段的共同回憶。

隨著時代的變遷以及電腦的普及，鉛筆產量日趨萎縮，大多數鉛筆廠商都遷往大陸。玉兔為了生產品質的考量以及多年來一同打拼的員工，更重要的是老品牌所創造出來台灣人共同的回憶，堅持根留台灣，包裝盒上的「Made in Taiwan」字樣是員工們大半歲月的心血結晶，也是玉兔最大的驕傲。2008 年玉兔轉型為觀光工廠，保留傳統工廠的原始面貌供遊客參觀。為了讓每位遊客對玉兔有更深入的認識，玉兔用心規畫了 6 個單元，用互動、團康的方式來介紹關於鉛筆的大小事。

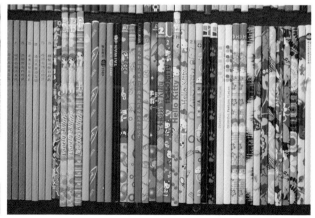

✿ 揭開鉛筆的身世之謎

抵達玉兔後，導覽人員會先帶領大家參加第一個團康競賽「疊疊樂」。
早期泡在水裡的木材剖成片後需要人工曬乾，為了節省空間，會把木材
一片一片疊高成八卦狀，玉兔希望藉由競賽的方式增添活動趣味，也讓
遊客實際體驗當時疊木板工作的辛勞。

經過一番激烈的競賽後，下一關是鉛筆視聽課，生動活潑的影片，不管
是大朋友、小朋友都能馬上清楚了解鉛筆的製作程序。接著的「吊吊樂」
活動讓大家來體驗「釣鉛筆」，模擬木材由蘭陽溪運送到工廠，必須用
釣木材的方式打撈的過程。了解鉛筆的作業流程後，就要實際來趟生產
線巡禮，親身感受一下玉兔鉛筆的製作場所，並自己動手來做一枝屬於
自己個人風格的 DIY 鉛筆，這可是在外面買不到的獨一無二鉛筆。

最後來到展覽室，導覽員會為大家分享玉兔超過一甲子的演變小故事及早期富有歷史意義的展示品，還有許多利用計算鉛筆數量的工具，排出的可愛創意圖案。整趟深度行約 2 小時，保證收穫滿滿，不虛此行！

推 必買人氣商品

玉兔提供客製化紀念鉛筆或是鉛筆喜帖，不但能長久保存，「緣分」更能透過「緣筆」（台語）延續下去。而懷舊系列的黃桿紅頭鉛筆以及黃桿藍帽原子筆，也是詢問度最高的人氣商品。

INFO

/ 地址：宜蘭縣五結鄉中興路三段 330 號
/ 電話：(03) 965-3670
/ 時間：08:30 ～ 17:00（採預約制）
/ 價格：導覽＋ DIY 活動 150 元／人
/ 網站：www.rabbit1.com.tw

羅東鎮農會養生
文化觀光工廠

喝豆奶，吃皮蛋，玩體驗

為了國民的健康，羅東鎮農會堅持生產健康、不添加香料及食品添加物的養生農特產。乾淨透明的生產化流程，等著大家來「眼見為憑」。

農會主要以生產養生穀豆類飲品及無鉛 CAS 皮蛋聞名，從吉祥物「羅董」的身上就可以看出一些端倪，2 顆大大的眼睛就是農會的無鉛皮蛋，原滾滾的肚子就是豆子的圖案，代表豆類飲品。50 年代，台灣國民營養普遍不足，農會配合政府推動的優質健康飲品政策，開始生產好喝且富營養價值的豆奶；養生皮蛋也是響應政府當年「提升傳統皮蛋衛生安全」的理念特別研製。也是國內少數得到 CAS 認證的皮蛋。

本篇圖片提供：楊志雄

看完產品介紹後，工作人員會熱情的遞上各種產品給遊客試食，因為對自己的產品有信心，不怕消費者試吃，只怕消費者沒有品嘗到。接著進入工廠參觀，工作人員在皮蛋包裝前，非常謹慎的輕敲著皮蛋，確保賣給消費者的每顆皮蛋品質；在豆奶製程的部分，一瓶瓶豆奶以真空高溫殺菌，裝豆奶的瓶子也堅持使用高成本的玻璃瓶，因為只有玻璃瓶才能耐高溫，不會在高溫下產生不好的化學物質，這也與坊間其他塑膠瓶或是紙盒的產品做出品牌差異。

這裡也提供各種有趣的 DIY 活動，如豆奶炒冰、手工豆花、手工豆腐……等。手工豆腐 DIY 使用農會的豆奶做為原料，所做出來的豆腐有一般市售豆腐所沒有的好滋味，吃起來豆香味十足，配上農會的皮蛋一起吃，更是完美組合。

INFO

/ 地址：宜蘭縣羅東鎮倉前路 14 號
/ 電話：(03) 957-4525
/ 時間：09:00 ～ 17:00
/ 價格：免費參觀，手工豆花 DIY 每人 120 元，手工豆腐 DIY 每人 300 元（更多 DIY 活動可電話查詢）
/ 網站：luodong.diy.org.tw

蔥仔寮體驗農場
種蔥，採蔥，做蔥油餅

三星蔥全台知名，但真沒幾個人知道這金貴的青蔥是怎樣種植出來，
甚至連青蔥長的是圓是扁，是掛在樹上還是埋在土裡都沒概念，
還好對付這樣的都市俗，蔥仔寮體驗農場提供了真實的蔥田，
好讓大家能做個半日蔥農，相信經過拔蔥、洗蔥、吃蔥餅，
對於每餐都會吃到的青蔥就絕對不會陌生。

體驗旅行近幾年來成為主流，透過親自參與更能了解在地文化的特
色，也成為親子旅遊以及戶外教學最佳的選擇，而三星鄉的蔥仔
寮體驗農場也在這樣的風潮下，成為很受歡迎的一條旅行路線。

圖片提供：江明麗

蔥農特別規畫了2個小時的體驗之旅，內容包括了蔥的知識、蔥的種植、蔥的清洗還有蔥餅的製作。在三星鄉有青蔥王子之稱的蔥仔寮體驗農場老闆李建鴻，除了擁有自己的蔥田，也把遊客帶入了蔥的世界，三星蔥種植的品種是四季蔥，這種蔥蔥白比較長，冬天因為日曬少，所以蔥葉水分較多，品質也較佳。而三星地區之所以可以種出高品質的青蔥，在於當地地勢較高，有良好的排水通道，加上引自太平山系的蘭陽溪水灌溉，種出了口感極好的青蔥。

青蔥體驗首先會在洗蔥池邊介紹蔥的特色，示範如何正確種蔥，再來會讓遊客體驗拔蔥的樂趣、親手洗蔥，最後現場製作蔥油餅並享用。正確的種植青蔥需要T字植蔥器在蔥田裡挖15～20公分的土洞，再把蔥苗筆直放入覆土即可，拔蔥的方式也是一樣，右手反抓，鬆土，再垂直拔起就行。這些看似簡單的動作執行起來還真沒那麼容易，不過參加的每個人都很享受體驗的過程，也是參與蔥仔寮體驗農場最棒的收穫。

INFO

/ 地址:宜蘭縣三星鄉天福村東興路 13 號之 2
/ 電話:0937-995-104
/ 時間:09:00 ～ 18:00
/ 價格:蔥田導覽＋採蔥每人 100 元（可帶走一斤），蔥田導覽＋採蔥＋洗蔥＋蔥油餅 DIY 每人 200 元，蔥油餅 DIY 每人 100 元

幸福20號農場
在水果香氣中體驗幸福味

幸福的定義是什麼？跟家人、好友度過開心歡笑的時光便算是吧！
而在幸福20號農場，這種氛圍時時顯現在每一組進入的客人笑臉上，
吃自己做的水果披薩，淋幫浦打出來的水柱，餵表情逗趣的小羊，
幸福，就是這麼簡單且易得。

圖片提供：江明麗

驕陽下，由給水幫浦高射噴出的水柱形成一道簾幕，讓穿過的每一位小朋友都興奮的開懷大笑，然後一次次的重複這樣的玩樂。這是幸福 20 號農場的一項設施，老闆發揮巧思，把傳統的地下抽水幫浦改良為可以打水仗的器具，不管是大人或孩童，都能盡情暢玩。

幸福 20 號農場是余源輝、曾馨誼夫妻倆在家鄉一起打造的快樂園地，農場在宜蘭的大進村，這裡有不少果園，原本是余源輝父親種植果樹的地方，10 年前他們回鄉創業，把果園改造並轉型為觀光農場，透過種植果樹、養育羊、兔等小動物，以及水果 DIY 的體驗，讓遊客重新認識傳統農業的新風貌。

◉ 大人小孩瘋玩水果披薩 DIY

相較於其他農場寬闊的面積，幸福 20 號顯得小巧，但在主人的規畫下，也印證了一句老話：麻雀雖小，五臟俱全。所以，從大門口開始，就有不少的玩意而可以享受，譬如拿著大鐵圈在泡沫池一撈，就能造出裹住一人大小的彩色泡泡。在這裡，各種 DIY 手作是遊客一定要試試的內容，農場最受歡迎的是水果蜜餞 DIY 以及水果披薩製作的選項，前者隨時都可以進行，後者因為柴燒窯升火的緣故，只有假日才能體驗。

景 幸福的語言

有時候,愛與感動需要說出來,所以,農場裡處處都有這種留言板,藏在果樹間,隱在小徑裡,而留言的內容千百種,這種直接把幸福赤裸裸的表達出來,最讓人開心與莞爾。來到這裡,如果有話不好意思當面說,那麼,留個言吧。

圖片提供:江明麗

水果蜜餞 DIY 的水果品項四季不同,包括文旦、番茄甚至芭樂都能製作,由於過程簡單,通常不用一小時就可以完成。比較好玩的是水果披薩製作,園區裡有 2 座磚窯,是由老闆親手打造的,連烤披薩也是他在控制火候,所以假日非常忙碌,農場會準備好水果披薩的材料,包括麵團、新鮮水果與起司等等,遊客只要穩妥的將材料鋪陳在擀好的麵皮上,進了烤窯,8 分鐘就能吃到香噴噴的水果披薩了。

圖片提供:江明麗

除此之外，DIY 的選項還包括有地瓜湯圓製作、樹枝鉛筆、水果醋與種子項鍊等等，琳瑯滿目，針對 30 人以上團體還有半日遊與一日遊的套裝遊程，每人 350 元起，就能進行農場周邊景點的巡遊、搭鐵牛車參觀果園，品嚐農場餐廳廚師的美味料理，當然也少不了精彩的 DIY 課程，帶回滿滿的歡樂回憶。

INFO

/ 地址：宜蘭縣冬山鄉大進路 446 巷 20 號
/ 電話：(03) 951-3771
/ 時間：09:00 ～ 18:00，週二公休
/ 價格：門票 50 元，可抵消費。披薩製作 699
　　　元起，DIY 水果蜜餞 150 元
/ 網站：www.20happy.com

廣興農場

宜蘭最原味的老字號農場

要説有哪一個地方能讓大朋友小朋友都玩得笑呵呵，廣興農場是當之無愧。在這裡，不但能和可愛小動物親密接觸，還可參加摸蜆仔、住豬舍、烤土窯等體驗，十足的歡樂氣氛，總能讓人放下身段，回歸童真。

圖片提供：江明麗

焢土窯，應該是所有台灣農趣體驗裡，最老少咸宜且歷久不衰的活動，或許是這種可以親土與原始純粹的內容，讓大家不管到哪都想嘗試，所以，標榜最有台灣味的廣興農場，自然少不了規畫一大區的焢土窯空間。

圖片提供：江明麗

圖片提供：江明麗

廣興農場是宜蘭老字號的休閒農場，2002 年就已有觀光農園的雛形，老闆曾如敏先生，最早從事養豬產業，後來受到口蹄疫影響，毅然決然從養殖產業轉到觀光產業，將當年的豬舍改做為主題住宿，讓民眾體驗入住豬哥窟的特別感受。

農場腹地不大，但是每個主題區特色明顯，從大門進入第一眼就能看到大小鴨搖擺行走的小水池，很符合鴨母寮的味道，再往前走可看到裝飾很台灣味的用餐區，支撐的樑柱上有不少在地農家俚語，每一句都頗具涵義。農場的餐點非常有名，每到假日一定要預訂，不然只能站在桌邊流口水了。餐廳以桌菜料理為主，每個時節價格不同，約在 2500 至 3500 元之間，菜單內容包括了招牌醬烤台灣鯛、宜蘭櫻花蝦米、梅干扣肉、九層塔鮮河蜆等，都是古早阿嬤的手路菜。

古早農家味

農場裡規畫了不少遊玩的區域，要購置伴手禮可到柑仔店，這裡被裝潢成古早的農村空間，除了販賣農場特製的手工豆腐乳，也能看到園方特別蒐集的農家器具，不管是防雨的簑衣，還是去穀殼機、稻草堆，皆可讓久居都會的人們感覺百分百的農家味。

圖片提供：江明麗

圖片提供：江明麗

圖片提供：江明麗

✿ 捲褲管摸蜆，焢土窯嘗鮮

體驗活動是農場的明星內容，除了焢土窯，還可以預約蝦蔥餅 DIY、地瓜圓 DIY，或者直接把褲管捲起來，下到池子裡摸蜆，真正符合俗諺裡的「一兼二顧、摸蜆兼洗褲」。摸蜆這項活動在廣興農場裡人氣最高，小朋友玩得很瘋，人人滿載而歸，成就感十足，安全部分也不用擔心，池水高度僅到孩童膝蓋處。

焢土窯則是年輕人的最愛，焢窯材料由園方準備，品項豐富，除了傳統的土窯雞，也可以選擇叫化子魚，或者自行搭配，包準玩得盡情盡興。園區的中心點有一大區的景觀水池，這座水池很有來頭，是農場裡的天然湧泉，據說民國 66 年還是養豬時期就已經存在，池裡生態豐富，包括了台灣鯛、野生蜆、溪蝦……都是湧泉珍貴的住戶。觀光農場之所以迷人，這些最原味的體驗與享受必定是主因。

｜N｜F｜O｜

/ 地址：宜蘭縣冬山鄉光華三路 132 巷 12 號
/ 電話：(03) 951-3236
/ 時間：09:00 ～ 18:00，週三休
/ 價格：門票 100 元，可抵消費。摸蜆兼洗褲
　　　一小時 150 元，焢窯活動 700 元起，
　　　蝦蔥餅 DIY 每人 150 元（限 5 人以上）
/ 網站：www.pigs.com.tw

蠟藝彩繪館
揮灑創意的塗鴉樂園

　　一邊是阿公跟孫子拿著蠟筆盡情塗鴉，一邊是爸爸跟兒子聯手合作將彩色筆筆尾塞進筆桿，還有一群大學生發揮創意在身上畫起人體彩繪，那麼多豐富的活動在蠟藝彩繪館可一次體驗。

本篇圖片提供：楊志雄

蠟藝成立於 1980 年，當時的台灣是全球玩具、文具的主要供應重鎮，創辦人徐德忠因為曾在台塑服務多年，憑著對化學原料的專業及因緣際會，創立了蠟藝。當時內銷市場蓬勃，許多同業都以內銷為主，徐德忠逆向操作，努力開拓國際市場，國外哪裡有參展曝光的機會，就會有他的蹤跡，甚至曾經有一年出國三十多次的紀錄。

這樣拼命三郎的精神，蠟藝很快就在國際蠟筆市場，占有一席之地，最高紀錄曾一天生產 200 萬支蠟筆，館內導覽區展示的一台蠟藝自行開發、全球唯一的摩天輪全自動成型機，就是用來應付當時應接不暇的訂單。

✦ 蠟筆，和你想像的不一樣

在導覽區中，除了了解蠟筆的製作過程，也提供多種蠟藝活動。「彩繪塗鴉區」提供各種蠟筆供遊客體驗，獨家的拓印型板畫，再配合蠟筆技法與多樣性的變化，讓每個人都可畫出與眾不同的創意畫，蠟藝也開發了可以擦除的蠟筆及珠光蠟筆，小朋友可以在光滑表面盡情作畫，清潔時只要用濕抹布輕輕一擦就掉了，不用擔心家裡被畫得亂七八糟；珠光蠟筆畫出來會有漂亮的珠光效果，這些蠟筆都可以在此區盡情的體驗。

「蠟筆 DIY 區」，遊客可以挑選自己喜歡的顏色、字母或圖案，將模具交給工作人員之後，靜待 5 分鐘，個人專屬的造型蠟筆就出爐了。在「人體彩繪區」，每個人都可以在老師的指導下，輕鬆成為人體彩繪大師，且蠟藝館生產的彩繪顏料是經過檢驗測試，安全、無毒，可以放心塗在身上。每到球賽、車賽等重大賽事，人們身上塗的彩繪膏，有為數不少都是出自於蠟藝。

推 啟發孩子的藝術天分

蠟藝彩繪館的眾多商品中，珠光蠟筆最受小朋友喜愛，閃閃動人的珠光色彩讓人愛不釋手。浴室蠟筆則是許多父母願意掏腰包買給孩子的人氣商品，小朋友可邊洗澡邊在浴室的磁磚上創作，內附鴨子海綿，沾濕就能輕鬆擦除。

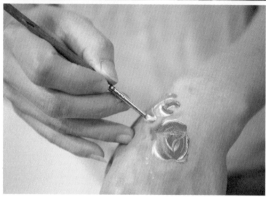

　　彩繪過後遊客還可以到變裝區，挑選喜愛的服裝，不管是公主、海盜都任你打扮。最酷的在後頭，遊客變裝完成後，可以在全台唯一配有四大主題燈箱的大舞台，盡情展現風采！不僅能在美麗的舞台上留下紀念照，也讓遊客更有身歷其境的感受。拍下的照片，蠟藝館貼心提供個性化商品輸出，不管是衣服燙印或是馬克杯，都能讓你在看到商品時，就想起在蠟藝彩繪館的開心回憶。

INFO

/ 地址：宜蘭縣蘇澳鎮德興六路 7 號
/ 電話：(03) 990-7101
/ 時間：08:30 ～ 17:00
/ 價格：門票 200 元／人（含 DIY 活動，可抵 100 元消費）
/ 網站：www.lucky-art.com.tw

宜蘭餅發明館
世界最薄餅，一探究竟

　　每次吃牛舌餅，總是驚嘆於它的薄脆，只有 0.1 公分的小巧牛舌餅，雖然
薄薄一片，卻包含了餅皮及內餡。若想知道全世界最薄的餅如何製作，走
一趟宜蘭餅發明館吧！就能解開這小小薄餅的奧祕。

本篇圖片提供：楊志雄

宜蘭餅發明館占地 1800 坪，空間寬敞舒適，館內不但提供了知識性的生產線參觀，還有充滿趣味性的糕餅 DIY 活動，是遠道而來遊客休憩的好場所。一樓入口處的「餅模展示區」是劉鐙徽多年的收藏，製作糕餅起家的他認為餅印具有傳承意義，使用愈久價值越高，年代最久的是自明清時期將近 300 年的餅模，歷史性十足。

除了特別的老餅模，館內的大理石石板也很具涵義，立廠之初是夏天，工廠沒有冷氣，但宜蘭餅用的是頂級天然鮮奶油，溫度須控制在 20～24 度左右，師傅想到能在冰涼的大理石板上研發改良牛舌餅，現在則成為館內的鎮館之寶。

工藝等級的宜蘭牛舌餅

二樓是工廠的生產線，可參觀這僅 0.1 公分的世界最薄餅該如何製作。因為劉鐙徽特別重視包裝，所以特地將包裝區排序在最前面，他認為包裝好的商品就要立即送到門市交到消費者手中，所以在包裝前，品管人員一定要再次的確認商品完整沒有問題，才能包裝出貨給消費者。

劉鐙徽堅持以工藝級的製作品質製作宜蘭餅，工藝的基本元素略分為「質、形、色、技、用」。在原料上選擇頂級天然鮮奶油及高濃度特濃鮮奶，烤餅時散發出來的濃濃奶香，幾條街外都聞得到；在甜度調味上使用甜度大約為砂糖 45% 的海藻糖，不但吃得美味，又有低糖的健康；在造型上，保留宜蘭傳統的文化意涵，都以牛舌的造型為主；在色澤上，為了使產品有著油亮光滑的誘人色澤，於製作過程中需精準掌握溫度與時間，並引進最頂級機械烤出金黃光亮的漂亮餅色；在技法上，以高超

的技巧，純手工擀製超薄餅皮；在應用上，則善用周邊資源，請女兒當代言人，並講究商品包裝，將小巧的牛舌餅，包裝的精緻有質感。

同樣身為觀光工廠，當然也有好玩的DIY課程，實際挑戰一下高難度的0.1公分的宜蘭餅，看看自己有沒有可能成為製餅大師。館內還貼心設計了小朋友專用的DIY教室，可愛活潑的教室布置，讓孩子一踏入就愛上；最後回到一樓的門市區，店員貼心的奉上一杯好茶，讓遊客可以一邊品嘗健康、美味的宜蘭餅，一邊喝著暖呼呼的熱茶，真是一大享受！

宜蘭餅？牛舌餅？

所謂的宜蘭餅，是劉鐙徽為自家牛舌餅取的名稱。有別於早期傳統的牛舌餅又乾又硬，劉鐙徽用了半年的時間研發改良，開發出0.1公分的超薄牛舌餅，為表達對宜蘭的感念，把產品取名為「宜蘭餅」。

INFO

/ 地址：宜蘭縣蘇澳鎮海山西路 369 號
/ 電話：(03) 990-5999
/ 時間：09:00 ～ 18:00
/ 價格：免費參觀，超薄牛舌餅 DIY 每人 120
元（需於 7 日前預約，有參加 DIY 課
程者，可享門市商品 9.5 折優惠）
/ 網站：www.diy-icake.com.tw

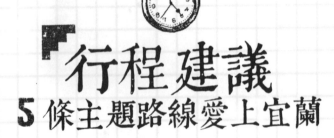

行程建議

5 條主題路線愛上宜蘭

暫時拋下繁忙，給自己一個小假期

訪老屋、食小吃、泡熱湯、賞美景

盡情放鬆，have a nice trip！

路線 1
老屋懷舊咖啡風

DAY 1

| 早餐 | | | 午餐 | | | | 住宿 |

城隍早餐 → 宜蘭文學館 → 宜蘭設治紀念館 → 老眷村川味牛肉麵 → 新月廣場 → 合盛太平咖啡 → 羅東夜市 → 小時光

DAY 2

| 午餐 |

老懂文化館 → 文化觀光工廠 羅東鎮農會養生 → 羅東文化工場 → 歸途

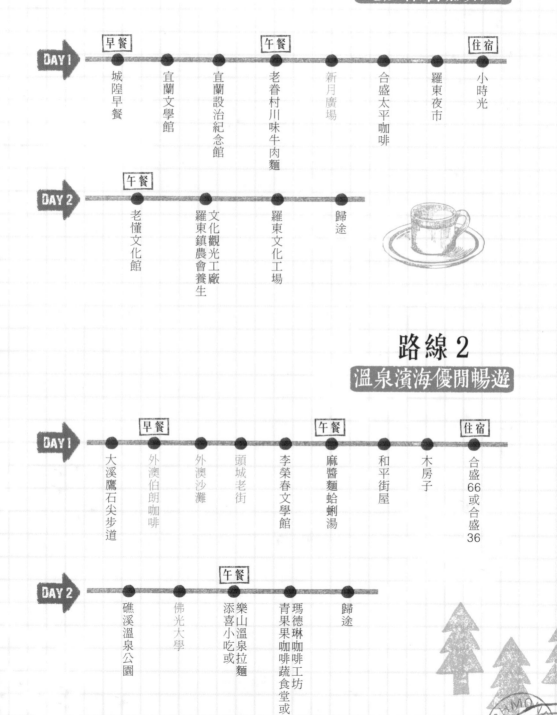

路線 2
溫泉濱海優閒暢遊

DAY 1

| 早餐 | | | | 午餐 | | | 住宿 |

大溪鷹石尖步道 → 外澳伯朗咖啡 → 外澳沙灘 → 頭城老街 → 李榮春文學館 → 麻醬麵蛤蜊湯 → 和平街屋 → 木房子 → 合盛66或合盛36

DAY 2

| | | 午餐 |

礁溪溫泉公園 → 佛光大學 → 樂山溫泉拉麵 添喜小吃或 → 瑪德琳咖啡工坊 青果果咖啡蔬食堂或 → 歸途

路線 3
街頭巷尾小吃美味

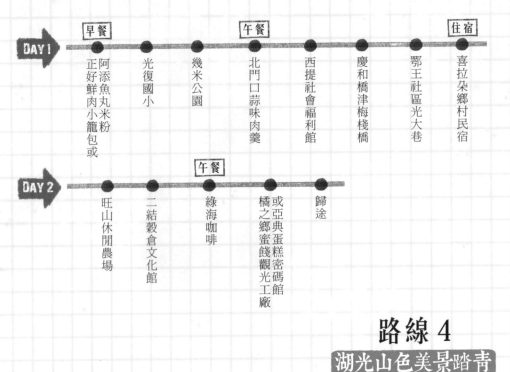

DAY 1

早餐：阿添魚丸米粉 正好鮮肉小籠包或 — 光復國小 — 幾米公園 — 午餐：北門口蒜味肉羹 — 西提社會福利館 — 慶和橋津梅棧橋 — 鄂王社區光大巷 — 住宿：喜拉朵鄉村民宿

DAY 2

旺山休閒農場 — 二結穀倉文化館 — 午餐：綠海咖啡 — 或亞典蛋糕密碼館 橘之鄉蜜餞觀光工廠 — 歸途

路線 4
湖光山色美景踏青

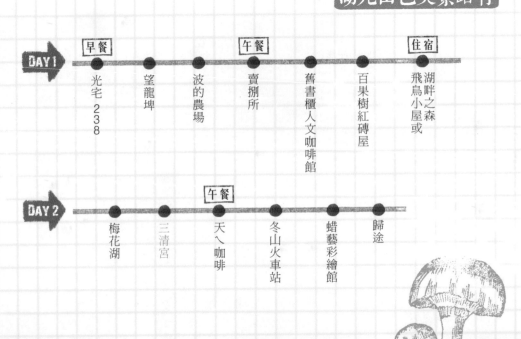

DAY 1

早餐：光宅238 — 望龍埤 — 波的農場 — 午餐：賣捌所 — 舊書櫃人文咖啡館 — 百果樹紅磚屋 — 住宿：湖畔之森 飛鳥小屋或

DAY 2

梅花湖 — 三清宮 — 午餐：天ㄟ咖啡 — 冬山火車站 — 蠟藝彩繪館 — 歸途

路線5

農場童趣體驗純真

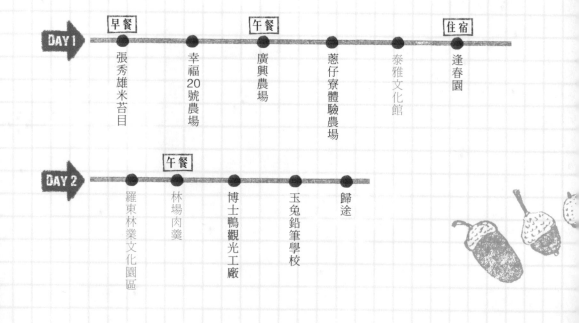

DAY 1

| 早餐 | | 午餐 | | 住宿 | |

張秀雄米苔目　幸福20號農場　廣興農場　蔥仔寮體驗農場　泰雅文化館　逢春園

DAY 2

| | 午餐 | | | |

羅東林業文化園區　林場肉羹　博士鴨觀光工廠　玉兔鉛筆學校　歸途

ⓘNFO

新月廣場
/ 地址:宜蘭縣宜蘭市民權路
　　　二段 38 巷 6 號
/ 電話:(03) 932-8800

伯朗咖啡（外澳店）
/ 地址:宜蘭縣頭城鎮濱海路
　　　二段 6 號
/ 電話:(03) 977-8725

頭城老街
/ 地址:宜蘭縣頭城鎮和平街

佛光大學
/ 地址:宜蘭縣礁溪鄉林尾路 160 號
/ 電話:(03) 987-1000

泰雅文化館
/ 地址:宜蘭縣南澳鄉蘇花路二段
　　　379 巷 2 號
/ 電話:(03) 998-1915#322

三清宮
/ 地址:宜蘭縣冬山鄉三清路 123 號
/ 電話:(03) 951-5135

羅東林業文化園區
/ 地址:宜蘭縣羅東鎮中正北路 118 號
/ 電話:(03) 954-5114

林場肉羹
/ 地址:宜蘭縣羅東鎮中正北路 109 號
/ 電話:(03) 955-2736

| 附錄 | 景點地區索引

戶外休閒第一站

GoHiking 戶外休閒第一站

一走進GoHiking門市，溫馨、明亮的氛圍，一目瞭然的商品陳列隨即映入眼簾，來自國內外一流的戶外服飾與配件品牌，不論是時尚機能服飾、多功能背包、機能鞋襪、水壺等各種低山健行或從事戶外旅遊的一切所需，這裡都能夠提供。

門市提供香醇咖啡，完全免費

來到GoHiking店內，隨著輕柔的音樂一邊悠閒地享用免費咖啡，慢慢的瀏覽架上的服飾或配件。親切的服務人員就像朋友一樣，以閒聊的方式與顧客分享輕旅行或健行的話題，同時給您更多貼心專業的建議，幫助您選購符合真正需求的商品。

GoHiking 以實際行動響應環保

可能很多人並不知道，其實舊衣服可以重新製成綠建材！只要將成分為100%聚酯纖維或尼龍的服飾3件（不限品牌）清洗乾淨，投入GoHiking的門市環保回收箱，就可以獲得商品抵用券100元，還能減少樹木砍伐與環境資源的消耗。

100% 捐衣護地球
www.gohiking.com.tw

GoHiking 全台門市

信義旗艦	台北市信義路三段166-1號	(02) 2700-6508
大安門市	台北市信義路四段1-13號	(02) 2702-6088
師大門市	台北市和平東路一段202號	(02) 2362-6965
吉林門市	台北市吉林路99號	(02) 2562-6371
西門門市	台北市萬華區峨嵋街52號	(02) 2312-1996
天母門市	台北市德行東路22號	(02) 2838-1817
建國門市	新北市新店區建國路276號	(02) 2912-0385
板橋門市	新北市板橋區中山路一段65號	(02) 2959-31
新莊門市	新北市新莊區新泰路118號	(02) 2992-42
桃園門市	桃園市三民路三段186號	(03) 336-16
義大門市	高雄義大世界購物廣場B區B1	(07) 656-90
新崛江門市	高雄市新興區中山一路2號	(07) 281-85
羅東門市	宜蘭縣羅東鎮中興路1號1樓	(03) 957-17